以案说法

国家教育考试舞弊案例研究

朱卫国 ◎ 主编

苏州大学出版社
Soochow University Press

图书在版编目(CIP)数据

以案说法 ：国家教育考试舞弊案例研究 / 朱卫国主编. —苏州：苏州大学出版社，2014.5
ISBN 978-7-5672-0846-9

Ⅰ.①以… Ⅱ.①朱… Ⅲ.①考试—研究—中国
Ⅳ.①G424.74

中国版本图书馆 CIP 数据核字(2014)第 062293 号

以案说法
——国家教育考试舞弊案例研究
朱卫国　主编
责任编辑　刘一霖

苏州大学出版社出版发行
（地址：苏州市十梓街 1 号　邮编：215006）
苏州工业园区美柯乐制版印务有限责任公司印装
（地址：苏州工业园区娄葑镇东兴路 7-1 号　邮编：215021）

开本 700 mm×1 000 mm　1/16　印张 10.25　字数 174 千
2014 年 5 月第 1 版　2014 年 5 月第 1 次印刷
ISBN 978-7-5672-0846-9　定价：28.00 元

苏州大学版图书若有印装错误，本社负责调换
苏州大学出版社营销部　电话：0512—65225020
苏州大学出版社网址　http://www.sudapress.com

目录 CONTENT

附录

前　言
CONTENT

近年来，国家教育考试舞弊现象屡屡发生，舞弊主体日益多元化，舞弊手段更是呈现出多样化、高科技化和组织化的特征。面对日益纷繁复杂、种类众多的考试舞弊现象和违法行为，如何有针对性地提出防范措施和惩处办法，是教育考试理论研究和考试实务组织工作面临的现实问题和重大课题。因此，我们在开展全国教育科学规划专项课题《国家教育考试舞弊及防舞弊措施研究》的研究过程中，一方面，把国家教育考试舞弊及防舞弊措施作为主要研究对象，在深入分析考试舞弊现象、特点和原因的基础上，结合教育考试工作实际，有针对性地提出了防舞弊措施和对策；另一方面，我们还力图从法律制裁和教育惩戒角度，提出针对国家教育考试舞弊行为的惩处措施和救济办法，有针对性地为教育考试工作部门的同志提供处理教育考试舞弊的实务指导。

根据实施考试舞弊的时间序列、手段方法、考试类型等，我们一般可将舞弊行为大致分为如下几种类型：一是按照实施考试舞弊的时间序列来分，可以分为考前舞弊、考场舞弊、考后舞弊；二是按照考试舞弊的手段方法来分，可以分为传统作弊方式与高科技作弊方式；三是按照行为主体来分，可以分为主考者舞弊和应试者舞弊；四是按照考试的不同类型来分，可以分为普通高考舞弊、成人高考舞弊、研究生招生入学考试舞弊、大学英语四六级考试舞弊、高等教育自学考试舞弊和其他非学历证书类考试舞弊。国家教育考试舞弊行为可以发生在考试过程中的命题、报考、测试、阅卷、登分公布成绩等各个环节，违法主体包括参考人员、考试工作人员以及伙同作弊的社会上的其他人员。

按照现行法律规定，国家教育考试舞弊行为依情节轻重可以分别构成行政违法和刑事违法，从而分别受到行政制裁和刑事制裁。在行政制裁方面，处理方式包括:取消报考资格,取消考试资格;宣布考试成绩无效(取消考试成绩),停考,行政处分,取消录取资格;取消入学资格,取消学籍,开除学籍,学生受到处分拒绝授予学位,宣布学历、学位证书等无效或者撤销学位等。在刑事制裁方面,根据现行刑法规定,对考试舞弊行为追究刑事责任,主要涉及以下罪名:一是非法获取国家秘密罪与非法持有国家绝密、机密文件、资料、物品罪,二是故意泄露国家秘密罪,三是招收公务员、学生徇私舞弊罪或者滥用职权罪,四是玩忽职守罪,五是诈骗罪,六是行贿罪、受贿罪,七是伪造、变造、买卖国家机关证件、印章罪与伪造、变造居民身份证罪,八是非法生产、销售间谍专用器材罪与非法使用窃听、窃照专用器材罪,等等。

长期以来,国家对教育考试舞弊一直保持着严厉打击的高压态势,也出现了不少关于处理考试舞弊的经典案例。在国家教育考试的日常管理工作中,我们发现,无论是考试工作人员,还是应考人员,往往对考试舞弊的法律责任不甚了解,个别地方政府部门甚至会为了追求所谓的"政绩"参与组织考试舞弊,这在客观上严重影响了考试舞弊行为的预防和惩治工作。为此,我们在研究过程中试图通过对教育考试舞弊典型案例的研究和分析,从另一个视角提出防范和处理教育考试舞弊行为的思路和对策,作为课题研究的有益补充。案例研究的重要内容之一,就是通过对教育考试舞弊这一疑难复杂问题的研究,探索如何正确把握现行法律规范,做到司法公正;通过运用各种法律解释技术来弥补现行考试法规条例的缺陷,为相应案件提供妥当裁判规则;通过案例研究成果的推广和应用,逐步完善防范考试舞弊的制度和体系。开展教育考试舞弊案例研究,既能为教育考试立法实践提供大量鲜活的经验,也可以为从事教育考试实际工作的同志提供生动的实践教材。为此,我们精选了18个内容涉及各种类型的考试舞弊案例为研究和分析的对象。这些案例都是近年来发生的真实案例,都是经过法院判决的终结案例,具有真实性和权威性。我们力图通过以案说法的方式,有针对性地对不同的考试舞弊现象进行剖析,切实提高社会公众对考试舞弊危害性的认识,努力预防和减少考试舞弊行为,为办好人民满意的教育考试事业,真正实现考试公平,积极促进教育公平,努力维护社会公平提供理论和实践参考。

考生伪造高考资格材料被取消学籍纠纷案

通过伪造材料获取考试资格、享受加分政策或其他优惠政策，是国家教育考试中常见的考前舞弊形式。我们选取的这个案例中，本为江苏考生的张某，在高考报名中伪造材料，取得在内蒙古参加高考的资格，试图利用全国统一命题高考中存在的省际录取分数差异，获取进入更好高校就读的机会。

案例

原告张某原系江苏省涟水县人，1986 年 11 月，张某与其母户籍先后由涟水县迁至内蒙古自治区，后张某伪造材料于内蒙古进行高考。

1992 年 8 月，张某被 S 大学录取，经复查后取得该校学籍。之后被校方发现有诸多疑点，遂开展调查。经查证，S 大学认为，张某为报考大学，编造学籍，在户籍问题上故意隐瞒真实情况，获取高考资格，违反了《普通高等学校招生暂行条例》等规定。根据相关规定，S 大学于是作出了关于取消张某 S 大学学籍的决定。之后，校方向张某及其父母宣布并派人至张某父亲的单位送达了该决定。

1995 年 2 月，张某及其家人向省教育委员会提出申诉，要求撤销 S 大学关于取消张某 S 大学学籍的决定。1996 年 5 月，张某以省教育委员会为被告，状告其不履行法定职责。一审以争议不属《行政诉讼法》调整的范畴为由，裁定驳回张某的起诉，二审法院亦作了维持原判决的终审裁定。

1999 年 8 月 18 日，原告张某再次以 S 大学在没有根据的情况下取消其学籍为由向法院提起行政诉讼，请求法院依法撤销 S 大学的决定，判决 S 大学向原告颁发毕业证书并赔偿三年的经济损失。法院经审理认为：原告张某在参加内蒙古自治区 1992 年普通高等学校的报考过程中，采用舞弊手段，编造其在清水河县第一中学的高中阶段档案、政治思想品德考核表等材料进行高考报名。张某虽被 S 大学正式录取并取得学籍，但被告在查明了事实真相后，根据国家教育委员会的有关规定，作出关于取消张某 S 大学学籍的决定，该具体行政行为是合法的，程序亦是合法的；但该决定引用国家教育委员会《普通高等学校招生管理处罚暂行规定》第八条第一项不妥。新生入校后，学校应进行全面复查，对不符合条件或有舞弊等行为者，无论何时发现，均应取消其入学资格或学籍，退回原户口所在地。对原告代理人提出"关于 1996 年 6 月，被告给原告核发了毕业生离校通知单，被告这一新的具体行政行为已经否定了(1994)408 号决定，核准原告正常毕业，因此，被告应当发给原告毕业证书"的代理意见，不予采纳。一审法院判决驳回原告张某的三项诉讼请求。

后张某提起上诉。二审法院确认了一审法院所认定的事实和采纳的证据。二审法院认为：根据《普通高等学校招生暂行条例》的规定，考生的录取必须具备合格的成绩、高中阶段的学生档案等材料，还必须进行政治思想考核、身体健康状况的检查。上诉人张某档案材料显然不符合录取条件。此外，《内蒙古自治区一九九二年普通高等学校招生简章》中明确规定父母户口不在本区、本人户口迁入本区者不能报考，上诉人不符合报考的条件。上诉人张某凭借这套假材料在内蒙古报名参加高考并被录取，S 大学发现并查证属实后，对其作出取消学籍的处理，并无不当。S 大学毕业生分配办公室发给上诉人毕业生离校通知单，并无恢复其学籍之意。二审法院判决驳回上诉，维持原判。

法律问题

(1) 什么是国家教育考试？它有哪些种类？

(2) 什么是考前舞弊？它有哪些表现形式？应当承担什么样的法律责任？

(3) 本案中,学校取消学籍的行为,是否合法?

(4) 作为行政主体的高等学校是否应承担相应的行政赔偿责任?

法条索引

(1) 法律《中华人民共和国行政许可法》第二、二十三、六十九条。

(2) 规章《普通高等学校学生管理规定》(教育部令第 21 号)第八、三十八、六十、六十一、六十二、六十三、六十四条。

(3) 规章《国家教育考试违规处理办法》(教育部令第 33 号)第十二、十三、十四、十七条。

法理分析

(一) 国家教育考试的概念和种类

1. 国家教育考试的概念

国家教育考试是指国家批准实施教育考试的机构根据一定的考试目的,对受教育者的知识水平和能力按一定的标准所进行的测定。

2. 国家教育考试的种类

根据《中华人民共和国教育法》第二十条,国家实行国家教育考试制度。国家教育考试由国务院教育行政部门确定种类,并由国家批准的实施教育考试的机构承办。国家教育考试主要包括:入学考试,如中考、高考、研究生入学考试等;水平考试,如高中会考、汉语水平考试、外语水平考试等;文凭方面的考试,如自学考试、学历文凭考试等。实行国家教育考试制度对于实现教育机会均等、保护受教育者的合法权益具有十分重要的意义。

(二) 考前舞弊的表现形式与法律责任

考前舞弊主要是指国家教育考试的参考人员、考试工作人员以及社会其他个人在考试开始之前,为谋取不正当利益,采用欺瞒、弄虚作假等方法实施的违反法律、法规及国家教育考试规则的行为。

1. 表现形式

考前舞弊的表现形式主要有:① 伪造、变造身份证、准考证及其他证明材料的；② 由他人代替或者代替考生参加考试、组织团伙作弊的；③ 假报年龄、学历、民族或采取其他手段骗取报考资格的；④ 为不具备参加国家教育考试条件的人员提供假证明、证件、档案，使其取得考试资格或者考试工作人员资格的；⑤ 应回避考试工作却隐瞒不报的；⑥ 擅自变更考试时间、地点或者考试安排的；⑦ 因玩忽职守，致使考生未能如期参加考试或者使考试工作遭受重大损失的；⑧ 考前泄露考题信息的；⑨ 其他。

2. 法律责任

根据《国家教育考试违规处理办法》第十二条、十三条、十四条、十七条规定，考试工作人员有考前舞弊行为的，由教育考试机构或者建议其所在单位视情节轻重分别给予相应的行政处分；情节严重、构成犯罪的，由司法机关依法追究刑事责任。

（1）行政处分。

行政处分包括：① 警告。对违反行政纪律的行为主体提出告诫，使之认识应负的行政责任，以便加以警惕，使其注意并改正错误，不再犯此类错误。这种处分适用于违反行政纪律行为轻微的人员。② 记过。记载或者登记过错，以示惩处之意。这种处分适用于违反行政纪律行为比较轻微的人员。③ 记大过。记载或登记较大或较严重的过错，以示严重惩处的意思。这种处分适用于违反行政纪律行为比较严重，给国家和人民造成一定损失的人员。④ 降级。降低其工资等级。这种处分适用于违反行政纪律，使国家和人民的利益受一定损失，但仍然可以继续担任现任职务的人员。⑤ 撤职。撤销现任职务。这种处分适用于违反行政纪律行为严重，已不适宜担任现任职务的人员。⑥ 开除。取消其公职。这种处分适用于犯有严重错误，已丧失国家工作人员基本条件的人员。

（2）刑事责任。

涉及的刑事责任主要包括以下几类：

① 招收公务员、学生徇私舞弊罪。招收公务员、学生徇私舞弊罪是指国家机关工作人员在招收公务员、学生工作中徇私舞弊，情节严重的行为。根据《中华人民共和国刑法》第四百一十八条，国家机关工作人员在招收公务员、学生工作中徇私舞弊，情节严重的，处三年以下有期徒刑或者拘役。

② 受贿罪。受贿罪是指国家工作人员利用职务上的便利，索取他人财物，或者非法收受他人财物，为他人谋取利益的行为。根据《中华人民共和国

刑法》第三百八十六条，对犯受贿罪的，根据受贿所得数额及情节，依照本法第三百八十三条的规定处罚。索贿的从重处罚。《中华人民共和国刑法》第三百八十三条规定，对犯贪污罪的，根据情节轻重，分别依照下列规定处罚：a. 个人贪污数额在十万元以上的，处十年以上有期徒刑或者无期徒刑，可以并处没收财产；情节特别严重的，处死刑，并处没收财产。b. 个人贪污数额在五万元以上不满十万元的，处五年以上有期徒刑，可以并处没收财产；情节特别严重的，处无期徒刑，并处没收财产。c. 个人贪污数额在五千元以上不满五万元的，处一年以上七年以下有期徒刑；情节严重的，处七年以上十年以下有期徒刑。个人贪污数额在五千元以上不满一万元，犯罪后有悔改表现、积极退赃的，可以减轻处罚或者免予刑事处罚，由其所在单位或者上级主管机关给予行政处分。d. 个人贪污数额不满五千元，情节较重的，处二年以下有期徒刑或者拘役；情节较轻的，由其所在单位或者上级主管机关酌情给予行政处分。对多次贪污未经处理的，按照累计贪污数额处罚。

③ 行贿罪。行贿罪是指为谋取不正当利益，给国家工作人员以财物（含在经济往来中，违反国家规定，给予国家工作人员以财物，数额较大，或者违反国家规定，给予国家工作人员以各种名义的回扣费、手续费）的行为。根据《中华人民共和国刑法》第三百九十条：对犯行贿罪的，处五年以下有期徒刑或者拘役；因行贿谋取不正当利益，情节严重的，或者使国家利益遭受重大损失的，处五年以上十年以下有期徒刑；情节特别严重的，处十年以上有期徒刑或者无期徒刑，可以并处没收财产。行贿人在被追诉前主动交代行贿行为的，可以减轻处罚或者免除处罚。

④ 滥用职权罪。滥用职权罪是指国家机关工作人员故意逾越职权或者不履行职责，致使公共财产、国家和人民利益遭受重大损失的行为。《中华人民共和国刑法》第三百九十七条规定：国家机关工作人员滥用职权或者玩忽职守，致使公共财产、国家和人民利益遭受重大损失的，处三年以下有期徒刑或者拘役；情节特别严重的，处三年以上七年以下有期徒刑。本法另有规定的，依照规定。国家机关工作人员徇私舞弊，犯前款罪的，处五年以下有期徒刑或者拘役；情节特别严重的，处五年以上十年以下有期徒刑。本法另有规定的，依照规定。

⑤ 玩忽职守罪。玩忽职守罪是指国家机关工作人员严重不负责任，不履行或不正确地履行自己的工作职责，致使公共财产、国家和人民利益遭受

重大损失的行为。刑罚同上述滥用职权罪。

⑥ 故意泄露国家秘密罪。故意泄露国家秘密罪是指国家机关工作人员违反国家保密法的规定，故意泄露国家秘密，情节严重的行为。所谓国家秘密是指关系国家的安全和利益，依照法定程序确定，在一定时间内只限一定范围的人员知情的事项。《中华人民共和国刑法》第三百九十八条规定：国家机关工作人员违反保守国家秘密法的规定，故意或者过失泄露国家秘密，情节严重的，处三年以下有期徒刑或者拘役；情节特别严重的，处三年以上七年以下有期徒刑。非国家机关工作人员犯前款罪的，依照前款的规定酌情处罚。

（三）学校取消学籍的合法性

国家教育委员会《普通高等学校学生管理规定》第六条规定：新生入学后，学校应在三个月内按照招生规定进行复查。经过注册复查合格，即取得学籍。凡属徇私舞弊者，一经查实，取消学籍，予以退回。本案原告张某在参加内蒙古自治区 1992 年普通高等学校的报考过程中，违反国家教育委员会有关行政规章的规定，采用弄虚作假、欺骗蒙混的舞弊手段，编造其在清水河县一中的高中阶段档案、政治思想品德考核表等材料，所以，S 大学作出的取消学籍处理决定是合法的。

（四）作为行政主体的高等学校是否应承担相应的行政赔偿责任

《中华人民共和国国家赔偿法》第七条第三款规定：法律、法规授权的组织，在行使授予的行政权力时侵犯公民、法人和其他组织的合法权益造成损害的，被授权的组织为赔偿义务机关。如前所述，高等学校作为行政主体属于法律、法规授权的组织，因此，高等学校在行使行政权力时如果侵犯了相对方的合法权益，造成损害的，依法应当承担相应的行政赔偿责任。

《普通高等学校学生管理规定》第六条规定：新生入学后，学校应在三个月内按照招生规定进行复查。经过注册复查合格，即取得学籍。凡属徇私舞弊者，一经查实，取消学籍，予以退回。所以，本案中 S 大学作出的处理决定有事实和法律上的依据。在作出决定后，S 大学向张某及其父母宣布了该决定，并派人至张某父亲的单位送达了该决定，程序是合法的。至于被告误发给张某盖有 S 大学毕业生分配办公室公章的 96 届毕业生离校通知单，是 S 大学工作中的失误，但这一失误并没有给被告造成损害，故本案中 S 大学不应当承担赔偿责任。

（五）案件评述

本案是一起由考前舞弊引发的高校与学生学籍纠纷案。本案的关键在于，原告张某采用弄虚作假、欺骗蒙混的舞弊手段，编造其在清水河县一中的高中阶段档案、政治思想品德考核表等材料，其不符合普通高等学校的报考条件。由于本案发生在20世纪90年代，根据当时国家教育委员会发布的《普通高等学校学生管理规定》（国家教委令第七号）第六条规定：新生入学后，学校应在三个月内按照招生规定进行复查。经过注册复查合格，即取得学籍。凡属徇私舞弊者，一经查实，取消学籍，予以退回。所以，S大学的处理决定事实清楚、依据明确、证据充分，是符合法律规定的。同时，《普通高等学校学生管理规定》第三十八条规定：对违反国家招生规定入学者，学校不得发给学历证书、学位证书。所以，S大学不颁发毕业证书的行为也是正确的。

综上所述，上诉人张某不具有S大学学籍，要求S大学为其颁发毕业证书是没有道理的，要求赔偿无事实依据。原审法院判决驳回上诉人张某的诉讼请求正确。

教育改变命运，知识成就未来。苦读了多年的学子们都希望自己能在高考中一展身手，一举考取名校，实现“鲤鱼跳龙门”。为了实现这一梦想，有些考生试图投机取巧，通过编造虚假材料获得报考资格，或者享受特定地区的入学加减分政策。这些舞弊行为属于违法行为，虽然可能会一时蒙混过关，但最终都会被发现。一旦事发，就会白白浪费多年时光，吃亏的终究是自己。

监考人员传递纸条协助作弊案

考试阶段是国家教育考试舞弊的高发阶段。考试阶段的舞弊(即考场舞弊),其最主要的形式就是我们惯常所称的考试作弊,即:在考试进行的过程中,通过各种不正当手段让应试考生获取答案。考试作弊,有的是由考生独自实施,有的是考生和他人共同实施。我们选取的是身负考场监督职责的监考人员协助实施作弊的案例,由于其隐蔽性较强,行为人心存侥幸,以身试法,最终受到了法律制裁。

案例

2004 年高考,某县考点设在某县一中,被告人王某、刘某担任本次考试的监考人员。考试前,被告人王某、刘某受他人之托,分别答应给参加此次高考的有关考生予以照顾。开考前,王某分别找到该校校医赵某和 18 号考场监考老师刘某,要求二人在英语考试期间帮她传纸条给 18 号考场的 17 号考生,二人表示同意。考试开始后,王某做了作文答案,后将此答案交给赵某,赵某将此条交给了 18 号考场的刘某,刘某便传给了该考场的 17 号考生侯某和 25 号考生刘某某。然后刘某又将此条带出 18 号考场通过他人传给了 17 号考场的 11 号考生李某。在评卷中发现侯某、刘某某、李某三名考生的试卷雷同,省高等学校招生委员会决定对该 3 名作弊考生以违纪取消成绩。检察机关认为,被告人王某、刘某构成招收学生徇私舞弊罪,依法提起公诉。

被告人王某辩称,其应承担由其答题后通过被告人刘某及赵某将纸条传给18号考场17号考生侯某的责任，而不应承担全案的责任，且事后有关部门已作了行政处分，要求从轻处罚。被告人王某的辩护人辩称，被告人王某的情节显著轻微，不应以犯罪论处。理由是：① 被告人王某对被告人刘某将试题答案传递给刘某某和李某的行为无共同的故意，无共同行为，不应承担直接责任；② 没有影响到本年度的招生工作，也没有造成他人精神失常或自杀的严重后果，影响并非恶劣；③ 主观方面出于友情，并非索贿或收受贿赂所为；④ 有关部门已作了开除留用察看一年的行政处分。

被告人刘某辩称，对其行为有关部门已作了行政降级的行政处分，要求从轻处罚。被告人刘某的辩护人辩称，被告人刘某的情节轻微，不应以犯罪论。理由是：① 被告人刘某的行为没有影响到某县本年度招生工作，也没有造成他人自杀或精神失常的严重后果，影响并非恶劣；② 主观方面出于友情和亲情，并非索贿或收受贿赂所为，且事后有关部门已作了相应的行政处分。

经查，被告人王某、刘某共同预谋后由被告人王某答题，被告人刘某传递，将英语试卷作文题答案传给18考场17号考生侯某的事实属共同行为。被告人王某就被告人刘某自行将“答题”传给刘某某、李某的事实，主观上虽无直接的共同故意，但对“答题”有可能再传给其他考生的事实应当能够预见，却未采取一定的防止措施，而放任结果的发生，因此被告人王某与被告人刘某的上述行为属共同行为。一审法院认为，被告人王某、刘某担任高考监考人员，却利用职务之便，替考生答题并传答案，其行为均构成招收学生徇私舞弊罪。但鉴于本案具体情节，可免予刑事处罚。公诉机关指控的事实和罪名成立，予以支持。两名被告人及辩护人就本案不应以犯罪论处的辩护意见以及被告人王某及辩护人就被告人王某不应对被告人刘某自行将答题答案传给他人的行为承担责任的理由不能成立，不予采纳。故，依照《中华人民共和国刑法》第二十五条第一款、第四百一十八条、第三十七条之规定，判决如下：被告人王某、刘某犯招收学生徇私舞弊罪，免予刑事处罚。

法律问题

(1) 什么是考中舞弊？它有哪些表现形式？

(2) 根据现行规定，本案中作弊考生应当承担什么样的法律责任？

(3) 监考老师能否成为此罪的犯罪主体？本案中校医赵某的行为是否构成犯罪？

法条索引

(1) 法律《中华人民共和国刑法》第二十五、三十七、九十三、三百九十七、四百一十八条。

(2) 法律《中华人民共和国教育法》第十五条。

(3) 规章《国家教育考试违规处理办法》(教育部令第33号)第五、六、七、九、十二、十三、十四、十七条。

法理分析

(一) 考中舞弊及其表现形式

考中舞弊是指国家教育考试的考生、考试工作人员以及社会其他个人在考试进行的过程中，为谋取不正当利益，采用欺瞒、弄虚作假等方法实施的违反法律、法规及国家教育考试规则的行为。根据《国家教育考试违规处理办法》的规定，考中舞弊又可分为考生舞弊、考试工作人员舞弊和其他人员舞弊。主要表现形式如下：

1. 考生舞弊

考生舞弊可分为考试违纪、考试作弊和扰乱考试秩序。

考试违纪是指考生不遵守考场纪律，不服从考试工作人员的安排与要求。主要表现为：携带规定以外的物品进入考场或者未放在指定位置的；未在规定的座位参加考试的；考试开始信号发出前答题或者考试结束信号发出后继续答题的；在考试过程中旁窥、交头接耳、互打暗号或者手势的；在考场或者教育考试机构禁止的范围内，喧哗、吸烟或者实施其他影响考场秩序的行为的；未经考试工作人员同意在考试过程中擅自离开考场的；将试卷、答卷(含答题卡、答题纸等，下同)、草稿纸等考试用纸带出考场的；用规定以外的笔或纸答题或者在试卷规定以外的地方书写姓名、考号或者以其他方式在答卷上标记信息的；其他违反考场规则但尚未构成作弊的行为。

考试作弊是指考生违背考试公平、公正原则的行为。主要表现为：携带与考试内容相关的材料或者存储有与考试内容相关的资料的电子设备参加考试的；抄袭或者协助他人抄袭试题答案或者与考试内容相关的资料的；抢夺、窃取他人试卷、答卷或者胁迫他人为自己抄袭提供方便的；携带具有发送或者接收信息功能的设备的；由他人冒名代替参加考试的；故意销毁试卷、答卷或者考试材料的；在答卷上填写与本人身份不符的姓名、考号等信息的；传、接物品或者交换试卷、答卷、草稿纸的；其他以不正当手段获得或者试图获得试题答案、考试成绩的行为。此外，教育考试机构、考试工作人员在考试过程中或者在考试结束后发现下列行为之一的，也应当认定相关的考生实施了考试作弊行为：评卷过程中被认定为答案雷同的；考场纪律混乱、考试秩序失控，出现大面积考试作弊现象的；考试工作人员协助实施作弊行为，事后查实的；其他应认定为作弊的行为。

扰乱考试秩序是指考生及其他人员违反考试管理规定，不服从考试工作人员的管理，干扰考试正常进行的行为。主要表现为：故意扰乱考点、考场、评卷场所等考试工作场所秩序的；拒绝、妨碍考试工作人员履行管理职责的；威胁、侮辱、诽谤、诬陷或者以其他方式侵害考试工作人员、其他考生合法权益的；故意损坏考场设施设备的；其他扰乱考试管理秩序的行为。

2. 考试工作人员舞弊

考试工作人员舞弊主要表现有：应回避考试工作却隐瞒不报的；擅自变更考试时间、地点或者考试安排的；提示或暗示考生答题的；擅自将试题、答卷或者有关内容带出考场或者传递给他人的；未认真履行职责，造成所负责考场出现秩序混乱、作弊严重或者视频录像资料损毁、视频系统不能正常工作的；因未认真履行职责，造成所负责考场出现雷同卷的；利用监考或者从事考试工作之便，为考生作弊提供条件的；在场外组织答卷、为考生提供答案的；指使、纵容或者伙同他人作弊的；诬陷、打击报复考生的；其他违反监考、评卷等管理规定的行为。

3. 其他人员舞弊

其他人员舞弊主要表现有：指使、纵容、授意考试工作人员放松考试纪律，致使考场秩序混乱、作弊严重的；代替考生或者由他人代替参加国家教育考试的；组织或者参与团伙作弊的；利用职权，包庇、掩盖作弊行为或者胁迫他人作弊的；以打击、报复、诬陷、威胁等手段侵犯考试工作人员、考生人身权利的；向考试工作人员行贿的；故意损坏考试设施的；扰乱、妨害考场、评卷点及有关考试工作场所秩序后果严重的。

（二）本案作弊考生的法律责任

本案中，作弊考生是在试卷批改过程中被认定为雷同卷，并经事后查实，系考试工作人员协助实施作弊行为。修订前的《国家教育考试违规处理办法》（教育部令第18号）第九条规定：考生有第五条所列考试违纪行为之一的，取消该科目的考试成绩。考生有第六条、第七条所列考试作弊行为之一的，其当次报名参加考试的各科成绩无效。据此，本案作弊考生当次高考的各科成绩都应予以取消。需要注意的是，在实践中，对于普通高考中的“当次报名参加考试的各科成绩”究竟涵盖哪些科目，各方说法不一。对于普通类考生而言，一般没有争议。但对于体育类、艺术类等需要提前加试的考生而言，是否一并取消考生提前加试科目的成绩，各方理解不一。过去，通行的做法是只取消该考试阶段的各科成绩，不取消提前加试等其他阶段的考试成绩。

2012年，教育部对《国家教育考试违规处理办法》进行了修订，其中，对作弊考生的处理也作出了修改，修改后的《国家教育考试违规处理办法》第九条规定：考生有第六条、第七条所列考试作弊行为之一的，其所报名参加考试的各阶段、各科成绩无效。对高考考生而言，这就意味着，一旦作弊，不仅作弊科目所在阶段的各科考试成绩无效，而且当次考试其他阶段的各科成绩也无效。依照新的规定，本案作弊考生如有提前加试科目，其成绩应当一并被取消。也许有人会认为，提前加试科目成绩取消与否，对考生来说意义不大，因为其统一高考成绩的取消，一般已足以让其不能被录取，进而会认为《国家教育考试违规处理办法》的这一修改没有实际意义。其实，我们只要换个角度，就会发现修改的意义所在。以艺术类考生为例：大家都知道，一名艺术类考生可以参加多所高校的艺术加试。假定一名考生在参加某所高校提前开展的艺术加试中作弊，按照过去的做法，只会取消该门艺术加试成绩，不会取消其参加的其他高校组织的艺术加试成绩，也就是说，该考生还有可能被其他高校录取。但是，根据新的规定，不仅将取消这名考生作弊科目的成绩，还将取消其在其他高校取得的艺术加试成绩，如该考生在当次高考中继续参加其他高校艺术加试和统一高考阶段的文化考试，其考试成绩仍将被取消。应当说，修改后的规定对于考试作弊行为的打击更加严厉了。

（三）招收学生徇私舞弊罪的犯罪主体

《中华人民共和国刑法》第四百一十八条规定，所谓招收学生徇私舞弊罪，是指国家机关工作人员在招收学生工作中，徇私舞弊，情节严重的行为。这里所谓的学生，包括大、中、小各级各类学校的学生，如研究生、大学生、中学生、小学生等，既包括普通高等、中等院校的学生，又包括成人高等、中等院校的学生，后者既包括脱产进修的成人学生，又包括不脱产而以在职自修为主的学生，如函授生。所谓招收，是指通过考试，按照国家规定的条件予以录用、录取，既包括向社会公开招考，亦包括在某一范围内进行招收，但不包括某一单位内部考试以录用人员。所谓徇私舞弊，是指出于个人目的，将不符合招收条件的人员予以录取，其方式可以多种多样，其目的都是将不符合条件的情况隐瞒或者伪装符合条件。所谓情节严重，主要是指由于徇私舞弊，给国家招生声誉造成极坏的影响或者严重扰乱了招生工作的正常秩序，造成人力、财力的重大损失，严重损害考生个人的身心健康，给考生或其家庭造成重大损失；多次实施徇私舞弊行为；等等。

招收学生徇私舞弊罪的主体是特殊主体，即国家机关工作人员，具体来讲，一般是指政府职能部门具有招收学生职权的工作人员。根据《中华人民共和国教育法》的规定，国务院教育行政部门主管全国的教育事业，县级以上地方各级人民政府教育行政部门主管本行政区域内的教育工作。招收学生工作主要由这些部门以及政府设置的其他有关的招生部门负责实施。据此，作为招收学生徇私舞弊罪主体的国家机关工作人员，具体应是指具有招收学生工作职责的国家机关工作人员，包括国家机关中主管招收公务员工作的领导人员以及具体负责招收公务员工作的人事部门的工作人员、教育部门的工作人员和其他与招收公务员、学生工作有关的国家机关工作人员等。非上述人员不能成为招收公务员、学生徇私舞弊罪的犯罪主体，不能构成招收公务员、学生徇私舞弊罪。

司法实践中，具体负责招收学生考试的工作人员大多数为在校老师，而监考老师能否成为招收学生徇私舞弊罪的犯罪主体，理论界及司法实务界对此有一定的争议。《全国人大常委会关于刑法第九章渎职罪主体适用问题的解释》规定：在依照法律、法规行使国家行政管理职权的组织中从事公务的人员，或者受国家机关委托代表国家机关行使职权的组织中从事公务的人员，或者未列入国家机关人员编制，但在国家机关中从事公务的人员，在代表国家机关行使职权时，有渎职行为，构成犯罪的，依照《中华人民共和国刑法》有关渎职罪的规定追究刑事责任。其实，全国人大常委会的司法解释明确了这么一点:对于国家机关工作人员的认定,身份如何并不重要,其职责是什么,是否享有相应职权,才是最为关键的。因为单纯有一定身份者,如果不享有相应的职权,就没有渎职的可能;而享有相应职权,如果不能恪尽职守,就可能使管理相对人的权利受到侵害,也会损害国家机关的形象。

因而,依据全国人大的上述立法解释,监考老师虽不是国家机关工作人员,但监考老师是受教育行政部门委托,具体负责考试招录工作的,如其在考试招录过程中徇私舞弊招收不合格的学生,造成严重后果的,也应按招收学生徇私舞弊罪处理。

本案中的校医赵某,不论其是否受委托担任该考点的考务工作人员,其行为都构成了犯罪。如其担任该考点的考务工作人员,如前所述,其利用职务之便传递纸条,当然构成犯罪。如其只是学校的医务人员,未担任考务工作人员,其虽然没有职务之便,但其帮助传递字条的行为,依然与王某构成共同犯罪。本案中,司法机关之所以未对赵某予以立案,或许是因为其情节较轻,社会危害较小。

(四)案件评述

监考老师身受考试机构委托,从事考试招录工作,不仅承载了国家机关、社会的信任,更承载了学生、家长的希望。社会都希望营造一个公平的考试环境,尤其是高考这种对人生意义重大的考试。本案中的王某、刘某身为监考老师,竟然利用监考职务之便,为考生答题,传递答案,其行径不仅侵害了正常的考试秩序,破坏高考制度,更加剧了社会对国家考试的信用危机,其尽管不是国家机关工作人员,但作为受委托从事公务的人员,依法仍然构成徇私舞弊罪。由于他们主要是出于感情而犯罪,没有索贿或收受贿赂行为,且事后有关部门已作了相应的行政处分,因此,最终法院判决免予刑事处罚。

本案中,尽管法院判决对被告人免予刑事处罚,但这个判决仍是有罪判决,它必将对被告人的工作和生活带来不利的影响。作为一个社会人,每个人都有亲朋好友,难免也会因为这样那样的事情寻求帮助。我们提倡人与人之间互帮互助,但绝不可以超越法律的界限,绝不能以牺牲社会的公平、损害他人的利益为代价。每一位考试工作人员应当引以为戒,拉紧法律这根弦,不要以为递递纸条无足轻重,不要以感情代替法律,不要好心做“错”事。否则,必将害人又害己。

伪造大专毕业证书考研被宣布研究生毕业证书无效、撤销硕士学位纠纷案

报考研究生继续深造是很多高校学生毕业后的人生选择。根据教育部规定，考研需要具备一定的资格条件。为了取得考研资格，一些人不惜铤而走险，伪造材料，骗取报名资格。我们选取的案例，是一位工作多年的大专肄业生，伪造大专毕业证书考研，并顺利录取就读，硕士毕业后也谋得了一份令人羡慕的职业，却在硕士毕业若干年后“东窗事发”，其多年的苦心经营，到头来只落得竹篮打水一场空。

案例

原告陈某曾于武汉某学院学习，因成绩不合格而退学，未完成规定课程，学校发给肄业证书。1994 年 11 月，陈某伪造了一份毕业证复印件，取得广东某大学 1995 年硕士研究生报考资格，考取并于 1999 年毕业，广东某大学向其颁发了毕业证书，并授予硕士学位。毕业后，陈某进入广东省某出版社工作。2005 年，该出版社的主管部门经调查致函广东某大学，称原告有伪造学历的情况，要求对原告的研究生学历、学位证书进行复审，并将结果报送该机关。2005 年 11 月 18 日，广东某大学向陈某调查核实其报考研究生时的情况，她承认自己当时确有造假行为。12 月 31 日，学校作出《关于撤销陈某硕士学位的决定》，认定其报考研究生时伪造大专学历，宣布其硕士毕业证书无效，撤销其硕士学位。后原告被工作单位辞退。

2006年3月，陈某提起行政诉讼。法院经审理认为，根据原国家教委1988年发布的《普通高等学校招生管理处罚暂行规定》第八条，及1990年发布的《普通高等学校学生管理规定》第六条，原告的舞弊行为属不予录取的条件，其作为无学籍的学生，不具有毕业资格，因此毕业证书不予承认；被告撤销原告学位，符合《中华人民共和国学位条例》第十七条规定。该院一审判决驳回陈某的诉讼请求。

陈某不服，提起上诉。广州中院认为本案上诉人伪造学历取得考试资格的行为违反国家招生管理规定，应按当时的《普通高等学校招生管理处罚暂行规定》第八条、《普通高等学校学生管理规定》第六条予以处罚。根据《中华人民共和国行政处罚法》第二十一条第一款"违法行为在二年内未被发现的，不再给予行政处罚"的规定，被上诉人已不得对上诉人再行处罚。广东某大学在陈某入学后未根据有关规定及时复查其录取资格并作出处理，致上诉人在学校学习4年，完成学业，获得学历、学位证书，应视为取得学籍。按相关文件，广东某大学"宣布毕业证书无效"并无法律依据，其对当时行为依据2005年的《普通高等学校学生管理规定》和2004年的《国家教育考试违规处理办法》进行处理，违背法律适用原则。上诉人完成学业，通过论文答辩，获得学历学位证书符合法定条件，被上诉人的决定属适用法律、法规错误。另广东某大学在处理程序上亦存在重大瑕疵。广州市中院判决：撤销一审判决；撤销被上诉人广东某大学作出的《关于撤销陈某硕士学位的决定》；驳回上诉人陈某要求被上诉人广东某大学登报公开赔礼道歉的诉讼请求。

广东某大学不服终审判决，向广东省高院提出再审申诉。广东省高院作出裁定，指令广州市中院进行再审。2007年9月，广州市中院开庭再审。该院再审认为，陈某的行为依照当时的有关规定，广东某大学有权取消其报考、录取的资格。关于高等学校应在新生入学三个月内进行复查的规定，也没有明确对超过三个月或者已经毕业的学生不能作出处理。二审判决认为广东某大学不能再对陈某作出处理，缺乏法律依据。1990年原国家教委《普通高等学校学生管理规定》第三十八条规定，无学籍学生不得发给任何形式的毕业证书，广东某大学作为毕业证书的发放单位，宣布其发放的毕业证书无效与上述规定没有抵触。陈某以高等学校研究生的身份申请硕士学位，其前提条件是取得学籍。广东某大学学位评定委员会经讨论，作出撤销陈某硕士学位的决议是高等学校行使教育管理自主权的体现，不属于行政处罚，二审判决适用《中华人民共和国行政处罚法》超过处罚期限、不得再行处罚的认定不当，应予纠正。据此，广州市中院经审判委员会讨论作出判决：撤销本院(2006)穗中法行终字第442号行政判决；维持广州市海珠区人民法院(2006)海法行初字第15号行政判决。本案一、二审受理费各100元，由陈某负担。

法律问题

(1) 什么是骗取考试资格？它有哪些表现形式？

(2) 本案中学校的处理是否属于行政处罚？

(3) 本案中学校的行为是否合法？

法条索引

(1) 法律《中华人民共和国行政处罚法》第三、八、二十一条。

(2) 法律《中华人民共和国学位条例》第二、八、十七条。

(3) 行政法规《中华人民共和国学位条例暂行实施办法》第十八条。

(4) 规章《教育行政处罚暂行实施办法》(1998年3月6日国家教育委员会令第27号公布)第九条。

法理分析

(一) 骗取考试资格的定义及表现形式

骗取考试资格主要是指不具备报考资格的考生通过虚报、隐瞒或伪造、变造有关材料等取得报考资格的违反法律、法规及国家教育考试规则的行为。

骗取考试资格的主要表现形式有：

(1) 提供伪造、变造的学历。主要是指不具备特定考试报考学历要求的考生通过伪造高等院校印章制作学历、学位证明的行为，以及通过弄虚作假修改学历证书以获得报名资格的行为。

(2) 提供虚假证明材料。主要是指不具备考试资格的考生，提供虚假的户籍信息材料、学历证明材料，以及对于部分需要工作经验的报考岗位提供虚假的工作经历证明材料等。

(3) 虚报、隐瞒重要信息。主要是指在报名环节不诚信的情形,包括恶意注册报名信息,扰乱报名秩序,虚报、隐瞒有关情况以骗取考试资格或获取"练手"机会等情形。

(4) 其他形式。

(二) 本案中学校的处理是否属于行政处罚

教育行政处罚是指教育行政主体(即处罚机关)对违反教育行政法律规范、尚未构成犯罪的行为相对人(即受处罚人)进行惩戒的教育行政执法行为。

教育行政处罚具有以下特征:① 教育行政处罚只能由教育行政机关或法律、法规授权的组织作出;② 教育行政处罚只针对违法行为;③ 受处罚者只能是违法行为的实施者;④ 教育行政处罚以制裁和惩罚为直接目的。

依据《教育行政处罚暂行实施办法》第九条,教育行政处罚的种类包括:① 警告;② 罚款;③ 没收违法所得,没收违法颁发、印制的学历证书、学位证书及其他学业证书;④ 撤销违法举办的学校和其他教育机构;⑤ 取消颁发学历、学位和其他学业证书的资格;⑥ 撤销教师资格;⑦ 停考,停止申请认定资格;⑧ 责令停止招生;⑨ 吊销办学许可证;⑩ 法律、法规规定的其他教育行政处罚。

撤销学位是学位授予单位对自己以前因未发现当事人的违法行为而作出对其授予学位这一行政行为的撤回或是对以前授予学位的错误决定的撤销,其本质属性是纠正错误,恢复原状,不具有制裁性或者惩罚性。

从我国的学历、学位证书管理制度看,学历是高校对公民学习经历及完成学业情况的确认和证明;学位是高校或科研机构对公民学术水平的确认和证明,二者符合行政确认的法律特征,因而是授权性行政主体作出的具体行政行为。学生通过在国家教育考试中舞弊,最终取得学历、学位证书。颁发证书的单位宣布证书无效,应认定为行政确认的撤销。故本案中学校的处理不属于行政处罚。

(三) 本案中学校的行为是否合法

《中华人民共和国学位条例》第十七条规定:学位授予单位对于已经授予的学位,如发现有舞弊作伪等严重违反本条例规定的情况,经学位评定委员会复议,可以撤销。《中华人民共和国学位条例暂行实施办法》第十八条规定，学位授予单位的学位评定委员会根据国务院批准的授予学位的权限，分别履行以下职责：① 审查通过接受申请硕士学位和博士学位的人员名单；② 确定硕士学位的考试科目、门数以及博士学位基础理论课和专业课的考试范围，审批主考人和论文答辩委员会成员名单；③ 通过学士学位获得者的名单；④ 作出授予硕士学位的决定；⑤ 审批申请博士学位人员免除部分或全部课程考试的名单；⑥ 作出授予博士学位的决定；⑦ 通过授予名誉博士学位的人员名单；⑧ 作出撤销违反规定而授予学位的决定；⑨ 研究和处理授予学位的争议和其他事项。

本案原告伪造学历证明材料取得考试资格的行为违反国家招生管理规定，根据《中华人民共和国学位条例》第十七条和《中华人民共和国学位条例暂行实施办法》第十八条的相关规定，广东某大学作为毕业证书的发放单位，在发现上述舞弊行为后，经学位评定委员会讨论，有权依法作出撤销陈某硕士学位的决议。故本案中学校的行为是合法的。

（四）案件评述

本案是伪造学历证明材料骗取考试资格的舞弊案例。对此类违法行为，学校可以适用两个法规或规章予以处理。一是适用《中华人民共和国学位条例》撤销其学位。《中华人民共和国学位条例》第十七条规定：学位授予单位对于已经授予的学位，如发现有舞弊作伪等严重违反本条例规定的情况，经学位评定委员会复议，可以撤销。广东某大学作为学位授予单位，有权撤销其授予舞弊者的学位。二是适用《普通高等学校学生管理规定》宣布证书无效。《普通高等学校学生规定》于 1990 年发布，2005 年修订。修订前第六条规定：凡属徇私舞弊者，一经查实，取消学籍，予以退回。情节恶劣的，须请有关部门查究。修改后的第三十八条规定：无学籍学生不得发给任何形式的毕业证书。修订后的第八条规定：凡属弄虚作假、徇私舞弊取得学籍者，一经查实，学校应当取消其学籍。情节恶劣的，应当请有关部门查究。第三十八条规定：对违反国家招生规定入学者，学校不得发给学历证书、学位证书；已发的学历证书、学位证书，学校应当予以追回并由教育行政部门宣布证书无效。由此可见，无论是根据修订前还是修订后的规定，学校在任何时候发现学生通过舞弊取得学籍，均可以取消其学籍，进而宣布其证书无效。

此外，对类似本案的舞弊者，教育行政部门也可以依法宣布证书无效，责令收回或者予以没收。同时对学校违法颁发学位、学历证书的，还可以没收学校违法所得或者取消学校颁发证书的资格。《中华人民共和国教育法》第八十条规定:违反本法规定,颁发学位证书、学历证书或者其他学业证书的,由教育行政部门宣布证书无效,责令收回或者予以没收;有违法所得的,没收违法所得;情节严重的,取消其颁发证书的资格。《教育行政处罚暂行实施办法》第十七条规定:学校或其他教育机构违反法律、行政法规的规定,颁发学位、学历或者其他学业证书的,由教育行政部门宣布该证书无效,责令收回或者予以没收;有违法所得的,没收违法所得;情节严重的,取消其颁发证书的资格。

总而言之,任何试图弄虚作假、徇私舞弊骗取入学资格者,即便骗得了一时,却骗不了一世,最终都会搬起石头砸自己的脚,一旦事发,其多年付出将化为乌有。同时,考试部门和高校也应当进一步严格审查,切实履行职责,及早发现违规行为,及早予以处置,避免矛盾积压,防止出现不必要的纠纷。

招办工作人员玩忽职守致高考试卷被盗案

在国家教育考试舞弊案件中，有不少是因为考试工作人员玩忽职守，从而导致舞弊行为发生。我们选取的案例是招办工作人员贪图享乐、玩忽职守，致使高考试卷被盗，严重影响了高考秩序，给国家造成了损失，也给自己的人生带来了重大挫折。

案例

2003 年 6 月 4 日晚，某县教育局的招办副主任安某于 18 时至当晚 24 时，在值班室同无关人员打麻将；当晚值班人员县招办副主任科员刘某、县某小学教务主任张某于当晚 20 时 30 分到次日早晨 8 时睡觉。因此，县某中学高三学生杨某盗取 2003 年高考试卷的目的得以顺利实现。他携带作案工具，潜入该县教育局办公大楼，切断报警装置电源，强行进入保密室内，撬开铁皮柜，从《2003 年普通高等学校招生全国统一考试试卷》文科的数学、语文、英语、综合和理科的数学、综合档案袋中各抽出试卷一份后，逃离了现场。

后此案于 6 月 20 日侦破，在追究了杨某的法律责任后，对造成此结果产生的县教育局工作人员进行了审理。法院认为王某、安某、刘某、张某等 4 人身为国家机关工作人员，未能正确履行职责，造成了高考试卷被盗的严重后果。在该案中，刘某、张某负主要直接责任，王某、安某负次要直接责任。判决该县“高考试卷被盗案”涉案的 4 名失职人员构成玩忽职守罪，王某、安某被判处有期徒刑2年、缓刑3年，刘某、张某被判处有期徒刑3年、缓刑4年。

法律问题

（1）什么是玩忽职守罪？其构成要件是什么？

（2）玩忽职守罪的本罪与非罪，以及本罪与近似犯罪的界限是什么？

（3）什么是缓刑？缓刑的适用条件是什么？

法条索引

法律《中华人民共和国刑法》第六十九、七十二、七十六、七十七、一百三十四、一百三十五、一百三十七、三百九十七条。

法理分析

（一）玩忽职守罪的定义及其构成要件

1. 玩忽职守罪的定义

玩忽职守罪是指国家机关工作人员严重不负责任，不履行或者不认真履行职责，致使公共财产、国家和人民利益遭受重大损失的行为。

2. 玩忽职守罪的犯罪构成

（1）客体。

本罪的客体是国家机关的正常管理活动，也就是国家机关对社会的管理职能。

（2）客观方面。

本罪的犯罪客观方面表现为行为人实施了玩忽职守的行为，并使公共财产、国家和人民利益遭受了重大的损失。即违反工作纪律和规章制度，擅离职守，致使公共财产、国家和人民利益遭受重大损失。其具体行为有：不以职守为己任，思想上不重视，态度上不严肃；擅离职守，不坚守岗位，逃避职责义务；不认真执行职责权限或者不认真履行职责义务；不完全执行职责权限或者不完全履行职责义务；其他玩忽职守的行为；造成严重后果。

(3) 主体。

本罪的犯罪主体是特殊主体，即只有具有国家机关工作人员身份的人才能成为本罪的主体。主体是国家机关工作人员和代表国家机关从事公务的人员。

(4) 主观方面。

本罪的犯罪主观方面只能是过失，即行为人作为国家机关工作人员理应恪尽职守、尽心尽力，履行公职时时刻保持必要的注意，但行为人却持一种疏忽大意或过于自信的心态，对自己玩忽职守的行为可能导致的公共财产、国家和人民利益的重大损失应当预见而没有预见，或者已经预见而轻信能够避免。

（二）玩忽职守罪的认定

1. 本罪与非罪的界限

(1) 玩忽职守罪与工作失败的区别。

众所周知，人类是在不断认识自然和改造自然的过程中发展的，所以人的认识能力在特定的历史条件下是有限的，比如促进人类进步的很多科学实验，经常有失败的情况。对此，因为行为人不存在过失，所以不以玩忽职守罪论处。

(2) 玩忽职守罪与工作失误的区别。

工作失误往往也会给国家和人民的利益造成重大损失，但工作失误是指行为人因为业务水平和工作能力不足，从而决策不当，导致了公共财产、国家和人民利益的损失，但未造成重大损失。它与玩忽职守最大的区别就在于，工作失误的行为人往往在主观上是善意而积极的，都是力求将事情做好的，只是因为力有不逮而没做好，对此也不以犯罪论处。但对于那些在国家法律政策不允许的情况下，借口改革，盲目决策，管理混乱，给国家和人民的利益造成重大损失的，绝不能以工作失误来蒙混过关，逃避罪责。

(3) 玩忽职守罪与一般的玩忽职守行为的区别。

二者最大的区别就在于行为有没有给公共财产、国家和人民利益造成重大损失。有就是玩忽职守罪，没有达到这个程度则不是犯罪，关键点就是量的问题。根据 2006 年 7 月 26 日最高人民检察院《关于渎职侵权犯罪案件立案标准的规定》，重大损失是指以下情形：第一，造成死亡 1 人以上，或者重伤 3 人以上，或者重伤 2 人、轻伤 4 人以上，或者重伤 1 人、轻伤 7 人以上，或者轻伤 10 人以上的；第二，导致 20 人以上严重中毒的；第三，造成个人财产直接经济损失15万元以上，或者直接经济损失不满15万元，但间接经济损失75万元以上的；第四，造成公共财产或者法人、其他组织财产直接经济损失30万元以上，或者直接经济损失不满30万元，但间接经济损失150万元以上的；第五，虽未达到第三、四两项数额标准，但第三、四两项合计直接经济损失30万元以上，或者合计直接经济损失不满30万元，但合计间接经济损失150万元以上的；第六，造成公司、企业等单位停业、停产1年以上，或者破产的；第七，海关、外汇管理部门的工作人员严重不负责任，造成100万美元以上外汇被骗购或者逃汇1000万美元以上的；第八，严重损害国家声誉，或者造成恶劣社会影响的；第九，其他致使公共财产、国家和人民利益遭受重大损失的情形。

2. 本罪与近似犯罪的界限

（1）本罪与滥用职权罪的区别。

滥用职权是行为人意识到自己在行使权力，不该用而用，该用而不用，因而超越职权而滥用职权的行为；而玩忽职守则为行为人意识到自己在履行职责，由于各种原因而不履行职责或不认真履行职责。因此，完全的擅离职守不会理解为滥用职权。只有在履行职责的过程中，滥用职权才会与玩忽职守容易混淆，不易区分。关键还是要看行为人的主观态度，即滥用职权者认识到自己是在滥用职权，明知不该用，该用而不用，因此，对危害结果，则是采取放任的间接故意；而玩忽职守则是意识到自己在履行职责，该履行而不履行或不认真履行，其对危害结果，则是出于过失。所以，认定这两者的区别关键就是看行为人对危害结果的认识程度，如出于间接故意，则属滥用职权，否则则为玩忽职守。

（2）本罪与危害公共安全罪中的有关安全事故犯罪的区别。

首先，犯罪的主体不同。前者的主体只能是国家机关工作人员，而后者的主体既可以是国家机关工作人员，也可以是一般国家工作人员或者其他责任人员。其次，犯罪客体不同。前者侵犯的是国家机关的正常管理活动，后者侵犯的是公共安全。最后，犯罪发生的场合不同。前者发生在国家机关对社会事务的管理活动中，后者则发生在各种生产、作业过程中。

（三）缓刑的定义及其适用条件

1. 缓刑的定义和特点

缓刑也就是暂缓量刑，是指对触犯刑律，经法定程序确认已构成犯罪、应受刑罚处罚的行为人，先行宣告定罪，暂不执行所判处的刑罚，由特定的考察机构在一定的考验期限内对罪犯进行考察，并根据罪犯在考验期间内的表现，依法决定是否适用具体刑罚的一种制度。

缓刑的特点在于：(1) 对被告人有罪宣告。被告人的行为经人民法院审理后认为符合犯罪构成要件的，应当作出有罪宣告。缓刑不同于缓宣告制度，缓宣告是对有悔改希望的行为人暂时不作刑的宣告，在一定期间内，如果没有新罪就不再作有罪的判决。缓刑是以宣告行为人有罪为前提，而不是不作有罪判决。(2) 对被告人暂不处以刑罚。缓刑只作有罪宣告，而不同时判处具体刑罚。

2. 缓刑的适用条件

(1) 缓刑适用于3年以下有期徒刑、拘役。

(2) 犯罪分子确有悔改表现，法院认为不关押也不至于再危害社会。而对于不致再危害社会的认定主要是从被告人犯罪的情节和案发后的悔罪表现、受害人的态度等方面进行考量，在认定悔罪表现方面也大都将被告人是否具有法定从轻情节，如自首、立功、未成年人等，是否退赃退赔或赔偿受害人损失，是否缴纳罚金等作为考量因素。

(3) 犯罪分子不属累犯和犯罪集团的首要分子。

3. 缓刑的法律后果

(1) 被宣告缓刑的犯罪分子，在缓刑考验期限内，依法实行社区矫正，如果没有法律规定的情形，缓刑考验期满，原判的刑罚就不再执行，并公开予以宣告。

(2) 被宣告缓刑的犯罪分子，在缓刑考验期限内犯新罪或者发现判决宣告以前还有其他罪没有判决的，应当撤销缓刑，对新犯的罪或者新发现的罪作出判决，把前罪和后罪所判处的刑罚，依照《中华人民共和国刑法》第六十九条的规定，决定执行的刑罚。

(3) 被宣告缓刑的犯罪分子，在缓刑考验期限内，违反法律、行政法规或者国务院有关部门关于缓刑的监督管理规定，或者违反人民法院判决中的禁令，情节严重的，应当撤销缓刑，执行原判刑罚。

(四) 案件评述

本案的四个当事人中三人都是县教育局的工作人员，还有一人是学校的教务主任，他们或者是国家机关工作人员，或者是受委托从事公务的人员，依法具有保管高考试卷的义务，却违反工作纪律和规章制度，于值班时间睡觉、打麻将，擅离职守，致使高考试卷被盗，构成玩忽职守罪。考虑到本案被告人主观恶性不大，确有悔改表现，所判刑罚都在 3 年以下，符合缓刑条件，法院最终对他们宣告缓刑，也是比较适当的。

不怕一万，就怕万一。本案给考试工作人员的启示是：责任重于泰山，我们必须严格履行职责，绝不能辜负社会的信任，任何时候都不要心存侥幸、掉以轻心。有时候，哪怕是一丁点儿的疏忽，都会造成严重的后果，不仅影响了国家教育考试的正常开展，也让自己身陷囹圄。

副县长徇私舞弊协助替考案

在考场舞弊中，有的行为人不直接参与传递答案等，甚至不在考场，但由于他（她）是考试工作的行政领导，手中握有一定职权，往往会在考场之外遥控干预考试工作人员对作弊考生的查处，帮助作弊者免受制裁，甚至促成作弊行为顺利实施。我们所选取的是一位分管教育的副县长利用职权干预执法的案例。

案例

被告人侯某于2002年末任某县副县长。2008年全国普通高校招生考试期间，侯某兼任县考区主任。2008年高考前，县文化新闻出版和体育局副局长孙某（另案处理）为使其子孙某某在高考时找人替考，几次找到被告人侯某，并在高考前夕送给其2万元钱，让其在高考时帮忙。2008年高考于6月7日进行，6月8日上午在考试中，孙某某的替考者沈某在考试时被高考巡视组工作人员列为疑似考生，准考证被收缴。中午孙某得知后给侯某打电话告知情况。于是，侯某给该考点主考于某打电话，让其给照顾照顾。于某将准考证给了孙某，替考继续。后孙某某以568分的成绩被中国人民解放军炮兵学院录取。2008年7月18日侯某让其爱人李某把2万元钱退还孙某。公诉机关对于指控的上述事实，向法院移送并当庭出示和宣读了证人孙某等人的证言、书证及被告人侯某供述等证据。公诉机关认为，对侯某应当以招收学生徇私舞弊罪追究其刑事责任。

被告人侯某当庭对公诉机关指控的上述事实供认不讳。但其辩护人提出，被告人侯某不属于情节严重，尚不构成招收学生徇私舞弊罪，提请法院依法宣告侯某无罪。

一审法院认为，被告人侯某身为国家工作人员，在招收学生过程中，利用其担任高考考区主任的职权，为徇私情，帮助他人袒护替考行为，并致使被发现的替考人员继续进行替考行为致不符合条件的考生被录取，社会影响恶劣，系属情节严重，其行为已构成招收学生徇私舞弊罪。但其犯罪后认罪悔罪，并系出于对下属工作人员的同情而犯罪，还在案发前即主动退回了他人行贿的钱款，视其具体的犯罪事实、情节和危害后果，依法可以免予刑事处罚。故依照《中华人民共和国刑法》第四百一十八条、第三十七条的规定，判决如下：被告人侯某犯招收学生徇私舞弊罪，免予刑事处罚。

法律问题

(1) 什么是招收学生徇私舞弊罪？

(2) 招收学生徇私舞弊罪如何认定？

(3) 本案被告人是否构成受贿罪？

法条索引

法律《中华人民共和国刑法》第三十七、三百八十五、三百八十八、三百九十九、四百一十八条。

法理分析

(一) 招收学生徇私舞弊罪的概念

《中华人民共和国刑法》第四百一十八条规定，所谓招收学生徇私舞弊罪，是指国家机关工作人员在招收学生工作中，徇私舞弊，情节严重的行为。

所谓学生，包括大、中、小各级各类学校的学生，如研究生、大学生、中学生、小学生等，既包括普通高等、中等院校的学生，又包括成人高等、中等院校的学生，后者既包括脱产进修的成人学生，又包括不脱产而以在职自修为主的学生，如函授生。

所谓招收，是指通过考试，按照国家规定的条件予以录用、录取。既包括向社会公开招考，亦包括在某一范围内进行招收，但不包括某一单位内部考试以录用人员。

所谓徇私舞弊，是指出于个人目的，将不符合招收条件的人员予以录取，其方式可以多种多样，其目的都是将不符合条件的情况隐瞒或者伪装符合条件。

所谓情节严重，主要是指由于徇私舞弊，给国家招生声誉造成极坏的影响或者严重扰乱了招生工作的正常秩序，造成人力、财力的重大损失，严重损害考生个人的身心健康，给考生或其家庭造成重大损失；多次实施徇私舞弊行为；等等。

（二）招收学生徇私舞弊罪的认定

1. 犯罪主体的认定

招收学生徇私舞弊罪的主体是特殊主体，即国家机关工作人员，具体来讲，一般是指政府职能部门具有招收学生职权的工作人员，包括教育部门的工作人员以及其他与招生工作有关的国家机关人员等。非上述人员不能构成此罪的犯罪主体。

2. 罪与非罪的认定

对于国家机关工作人员在招收学生工作中徇私舞弊，是否构成犯罪，关键在于是否具备情节严重。如果情节严重，应依法认定为构成招收学生徇私舞弊罪，对于不构成招收学生徇私舞弊罪的行为，根据《中华人民共和国刑法》第七十七条规定，对直接负责的主管人员和其他责任人员予以行政处分。

3. 如何认定情节严重

根据有关规定，具有下列情形之一应当认定为情节严重：

第一，徇私情、私利，利用职务便利，伪造、变造人事、户口档案、复试成绩等弄虚作假招收学生的。

第二，徇私情、私利，3 次以上招收或者 1 次招收 3 名以上不合格学生的。

第三，因招收不合格的学生，导致被排挤的合格人员或其亲属精神失常或者自杀的。

第四，因徇私舞弊招收学生，导致该项工作重新进行的。

第五，招收不合格的学生，造成恶劣的社会影响的。

（三）本案被告人是否构成受贿罪

《中华人民共和国刑法》第三百八十八条规定，国家工作人员利用本人职权或者地位形成的便利条件，通过其他国家工作人员职务上的行为，为请托人谋取不正当利益，索取请托人财物或者收受请托人财物的，以受贿罪论处。

从案情看，被告人侯某收受了他人财物并为请托人谋取了不正当利益，符合受贿罪的构成要件。但是，最高人民法院、最高人民检察院《关于办理受贿刑事案件适用法律若干问题的意见》（法函[2007]22 号）第九条规定：国家工作人员收受请托人财物后及时退还或者上交的，不是受贿。国家工作人员受贿后，因自身或者与其受贿有关联的人、事被查处，为掩饰犯罪而退还或者上交的，不影响认定受贿罪。据此，被告人侯某主动退还先前收受的 2 万元，不应再认定其犯有受贿罪。

（四）案件评述

被告人侯某身为副县长及考区主任，为徇私情帮助他人将已经收缴的替考人员所持的准考证退还，致使该替考人员继续进行替考行为，并使不符合条件的考生被高校录取，造成了一定的恶劣影响，系属情节严重，故其行为构成招收学生徇私舞弊罪。根据《中华人民共和国刑法》第三十七条，对于犯罪情节轻微不需要判处刑罚的可以免予刑事处罚，但是可以根据案件的不同情况予以训诫或者责令具结悔过、赔礼道歉、赔偿损失，或者由主管部门予以行政处罚或者行政处分。被告人侯某犯罪后认罪悔罪，并系出于对下属工作人员的同情而犯罪，还在案发前即主动退回了他人行贿的钱款，因此，法院依法判决免予刑事处罚。

本案被告人侯某出于关心下属，触犯刑律，虽然最终免予刑事处罚，但由于是有罪判决，根据现行的人事制度，她不仅要被撤职，而且会被开除公职，这样的下场着实令人惋惜。本案给各级领导干部敲响了一记警钟，作为一名领导，手中或多或少握有一定的权力，但一定要始终对权力抱有畏惧之心，严格依法谨慎地行使好手中的权力，服务好一方百姓，绝不可以将手中权力变为谋取私利的工具。

教师徇私舞弊策划“枪手”替考案

替考是一种严重的考场作弊。在替考作弊案件中，时常有教师的身影。教师参与组织替考，具有“得天独厚”的优势：一方面，教师有机会参与监考；另一方面，教师熟悉考试内容和考试程序，懂得如何遴选替考人员、规避审查。在利益诱惑下，一些教师出面策划，寻找“枪手”替考。我们选取的就是教师串通监考人员，组织替考的案例。

案例

2002年10月，湖南省纪委收到举报信，称在当年高考中，某市实验学校考点发生了考生代考事件。此后，市、县两级纪委、教育行政主管部门立即成立专案组进行调查。鉴于此案已涉嫌犯罪，有关部门移送当地检察院渎侦局立案侦查。通过侦察，揭开了这起高考舞弊案。10月14日，原市教育工会主席钟某、原市三中教师龙某、原市实验学校副校长何某、行贿人张某被检察院决定逮捕，原某中学教师付某因病被取保候审。据查，张某通过朋友介绍，认识了市三中教师龙某，龙某策划由张某出钱、自己奔走活动、请人为张某之子代考数学和英语两门课程。

2002年1月，龙某、张某到长沙，联系了贺某和柳某，明确告知让他们充当高考“枪手”。尔后，张某又多次看望两名大学生，鼓励他们加紧复习，准备应考。高考前夕，两名大学生被接到了张某家，张某将已确定的监考老师龙某、付某带来与他们见面，并说都是自己人，考试时做题，千万不要紧张。

2002年6月底，高考准考证发下，张某之子被安排在市实验学校考点考试。张某与龙某首先在某中学找到被指派到市实验学校出任副监考的罗某和杨某，龙某要他们在监考中关照张某的儿子，两位老师爽快答应了。7月6日，罗、杨两位老师去监考，龙某、张某又是请客，又各送上现金1000元，并说：在监考时只要听主监考的安排就行了。龙某亲自出面请付老师吃饭，并送上现金3000元，恳切地说：今年高考张某的儿子要请人代考，请你出任考试主监考，你一定要帮忙。付老师答应了。

不久，监考人员名单宣布，令龙某和张某着急的是，市教育局并没有安排龙某在高考中监考，付某也被安排去了一中考点监考。事情眼看要“黄”，但难不倒龙某。7月4日早晨，龙某紧急将实验学校考点考务组成员、该校副校长何某请到涟源宾馆，送给何现金2000元，要求何某做通与罗某、杨某搭配监考的吴某、刘某两位老师的工作，要吴、刘二人放弃监考，改由自己和付某代替。没多久，何某果然做通了工作，龙某、付某如愿出任实验学校考点的主监考老师。就在龙某、张某暗自庆幸一切进展顺利时，市教育局招考中心安排的《监考老师流动顺序表》上并没有将龙某等四人在监试数学、英语时安排到张某之子所在的038考室。7月6日、7日、8日，龙某、张某连续三晚请实验学校考点主任钟某吃饭，并送上现金3000元，要钟某调整招考中心的监考流动表。年过半百、多次出任国家大考考点负责人的钟某心里很清楚龙某他们要搞鬼，但在私情私利的诱惑下，钟某的原则性轰然垮塌，老老实实按龙某、张某的要求，亲自出面调整了《监考老师流动顺序表》。最后，作弊得以成功实施，张某之子以总分530分被中国地质大学录取。

市人民法院一审判决：被告人钟某、龙某、何某、付某犯招收学生徇私舞弊罪，分别被判处有期徒刑8个月，缓刑1年；有期徒刑1年，缓刑1年；有期徒刑8个月，缓刑1年；有期徒刑1年，缓刑1年6个月。被告人张某犯行贿罪，被判处有期徒刑1年，缓刑1年。

法律问题

（1）行贿罪的概念及构成要件是什么？

（2）受贿罪的概念及构成要件是什么？

（3）本案是否应当数罪并罚？

法条索引

（1）法律《中华人民共和国刑法》第三十七、三百八十五、三百八十八、三百八十九、三百九十、三百九十九、四百一十八条。

（2）司法解释《最高人民检察院关于行贿罪立案标准的规定》（2000 年 12 月 22 日公布）。

法理分析

（一）行贿罪的概念及构成要件

1. 行贿罪的概念

《中华人民共和国刑法》第三百八十九条规定：行贿罪是指为谋取不正当利益，给予国家工作人员以财物（包括在经济往来中，违反国家规定，给予国家工作人员以财物，数额较大，或者违反国家规定，给予国家工作人员以各种名义的回扣费、手续费）的行为。根据《最高人民检察院关于行贿罪立案标准的规定》，行贿数额在一万元以上，或者行贿数额不满一万元，但具有为谋取非法利益而行贿，向三人以上行贿，向党政领导、司法工作人员、行政执法人员行贿，致使国家或者社会利益遭受重大损失等情节的，应予立案。

2. 行贿罪的构成要件

（1）行为主体为一般主体。

（2）行为的客体是国家工作人员职务行为的不可收买性。

（3）客观方面表现为为谋取不正当利益，给予国家工作人员以财物的行为。

（4）主观方面为故意，即具有谋取不正当利益的目的。

（二）受贿罪的概念及构成要件

1. 受贿罪的概念

根据《中华人民共和国刑法》第三百八十五条，国家工作人员利用职务上的便利，索取他人财物的，或者非法收受他人财物，为他人谋取利益的，是受贿罪。

《中华人民共和国刑法》第三百八十八条规定，国家工作人员利用本人职权或者地位形成的便利条件，通过其他国家工作人员职务上的行为，为请托人谋取不正当利益，索取请托人财物或者收受请托人财物的，以受贿论处。

2. 受贿罪的构成要件

(1) 行为主体为国家工作人员。

(2) 行为的客体是职务行为的不可收买性。

(3) 客观方面表现为国家工作人员利用职务上的便利，索取他人财物，或者非法收受他人财物，为他人谋取利益或者国家工作人员利用本人职权或者地位形成的便利条件，通过其他国家工作人员职务上的行为，为请托人谋取不正当利益，索取请托人财物或者收受请托人财物。

(4) 主观方面为故意，即具有非法占有财物的目的。

（三）本案是否应当数罪并罚

《中华人民共和国刑法》第四百一十八条规定，国家机关工作人员在招收学生工作中，徇私舞弊，情节严重的，构成招收学生徇私舞弊罪。

《中华人民共和国刑法》第三百八十五条规定，国家工作人员利用职务上的便利，索取他人财物的，或者非法收受他人财物，为他人谋取利益的，是受贿罪。

《中华人民共和国刑法》第三百八十八条规定，国家工作人员利用本人职权或者地位形成的便利条件，通过其他国家工作人员职务上的行为，为请托人谋取不正当利益，索取请托人财物或者收受请托人财物的，以受贿论处。

本案中，钟某、何某、付某接受请托人的财物，利用职务的便利，在招收学生工作中，徇私舞弊，情节严重，似乎同时符合受贿罪与招收学生徇私舞弊罪的构成要件。在实践中，受贿人为请托人谋利的行为构成犯罪，是否实行数罪并罚，这是一个争议多年的老问题。从受贿罪的构成要件看，谋利行为是该罪客观方面的构成要件。因此，只要受贿罪成立，就不应当再追究其谋利行为所构成之罪。但在实践中，各地司法部门把握标准不一，出现了从一重处和数罪并罚两种不同的处理方式。以考试舞弊中的受贿行为为例，监考人员收受贿赂，帮助考生作弊，对这种行为，笔者以为，应当区分不同情形予以定罪。如果受贿金额达到犯罪标准，就按照从一重处的原则，择一重罪处断。如果受贿金额未达犯罪标准，就按照徇私舞弊罪处理。本案中上述三名被告人受贿金额最多的才3000元，都未达到受贿罪的法定立案标准(5000元)，故只能以招收学生徇私舞弊罪论处。

（四）案件评述

本案是一起家长用小恩小惠收买考试工作人员协助实施考试作弊的典型案例。考点负责人钟某、考点考务组成员何某、监考教师龙某与付某，作为从事考试工作的人员，利用职务上的便利，在招收学生工作中，协助考生作弊，情节严重，构成招收学生徇私舞弊罪。而家长张某为了谋取不正当利益，给予考点负责人钟某和考点考务组成员何某、担任高考监考的付某以财物，数额较大，且行贿人数达到 3 人以上，其行贿目的是为了获取非法利益，符合最高人民检察院有关司法解释规定的行贿罪立案标准，因此，司法机关以行贿罪追究其刑事责任。

教育公平是社会公平的基础，考试公平又是教育公平的重要基础，而监考教师则是保障考试公平的关键环节，监考工作的重要性由此可见一斑。因此，监考教师必须严守法律的底线，绝不能为了私利而置法律于不顾。而对于家长而言，爱子心切、望子成龙，其心情可以理解，但绝不可以为了一张录取通知书而不惜以身试法，为子女谋取不正当的利益，否则，必将面临法律的严惩，同时还严重影响了子女的成长。

监守自盗故意泄露国家秘密案

近年来，考前泄题事件在国家教育考试中时有发生。究其原因，有的是考试工作人员玩忽职守所致，有的是因为个别负有保管试卷职责的考试工作人员在利欲熏心之下铤而走险，利用职务之便窃取试题，导致试题在考前泄露。我们选取的就是一起考试工作人员监守自盗，窃取大学英语四级考试试题的案例。

案例

林某，男，1963 年 4 月 3 日出生，汉族，大学文化，是广西某职业技术学院外语系副主任，并是该考点大学英语四六级考试的主考，负责考点的考务工作。但 2004 年 6 月 17 日 11 时许，被告人林某和该学院原外语系干事杨某(另案处理)在签收领回密封好的 2004 年 6 月 19 日全国大学英语四六级考试试卷及听力磁带后，没有按规定将试卷和听力磁带进行保密保管，而是存放在该学院外语系办公室的铁皮柜内，由杨某一人保管铁皮柜钥匙。而当天 13 时许，杨某私自开启密封试卷袋，从中取出一份全国大学英语四级考试 A 卷试题和听力磁带，授意被告人甘某、张某分别按照试卷做出试题答案。下午，由章某继续按照考题做试题答案。林某知道这些情况后，没有予以制止。

之后，杨某安排章某、张某拿部分考试题的内容和已做出的答案于 6 月 17、18 日两个晚上，在本学院开办的培训班上给将要参加 6 月 19 日上午全国大学英语四级考试的学员上辅导课，章某两次给学员上课，张某上课一次。

另外，林某还主动与南宁市某外语培训中心联系去上考前辅导课，于6月17日19时许和甘某一起到南宁市某外语培训中心，由甘某给将要参加6月19日上午全国大学英语四级考试的学员进行考前辅导。

同时，被告人章某得到全国大学英语四级考试试题后，为帮助自己的表弟罗某和阮某的朋友白某能顺利通过考试，于6月18日中午将泄露的试题交给阮某，并让阮某继续抄写其尚未抄写完的试题答案。但阮某得到试题和试题答案后，除给罗某阅览外，还将试题复印了两份，自称每份以人民币1500元买得，尔后分别交给白某和被告人梁某(约定考试后付钱)。而梁某因当时其出差在桂林，便委托其表弟钟某到阮某处拿试题并送到广西某大学东西校园间立交桥下给一直与其联系购买答案的苏某。然苏某即又复印了56份，卖给将要参加本次全国大学英语四级考试的广西某大学学生郑某、黄某等人(约定考试后给钱)。

他们的行为，导致2004年6月19日的全国大学英语四级考试试题在开考前以不同的形式向考生泄露，破坏了国家考试制度的严肃性，造成了恶劣的社会影响。法院据此判决：被告人林某犯泄露国家秘密罪，判处有期徒刑一年六个月；被告人甘某、章某以及张某犯泄露国家秘密罪，判处有期徒刑一年缓刑一年；被告人阮某、梁某以及苏某犯泄露国家秘密罪，免予刑事处罚；被告人林某违法所得人民币2400元，依法予以没收。

法律问题

(1) 什么是国家秘密？它分哪些等级？国家教育考试中哪些材料属于国家秘密？

(2) 什么是故意泄露国家秘密罪？

(3) 免予刑事处罚的概念和事由是什么？它是否属于无罪判决？

法条索引

《中华人民共和国刑法》第十三条，第二十五条第一款，第二十六条第一、四款，第二十七条，第三十七条，第六十四条，第七十二条第一款，第七十三条第二、三款，第三百九十八条。

法理分析

（一）国家秘密的概念、等级划分和构成

1. 国家秘密的概念

国家秘密是指关于国家的安全和利益，依照法定程序确定，在一定时间内只限一定范围的人员知悉的事项。

根据《中华人民共和国保守国家秘密法》第九条的规定，国家秘密主要包括：① 国家事务重大决策中的秘密事项；② 国防建设和武装力量活动中的秘密事项；③ 外交和外事活动中的秘密事项以及对外承担保密义务的秘密事项；④ 国民经济和社会发展中的秘密事项；⑤ 科学技术中的秘密事项；⑥ 维护国家安全活动和追查刑事犯罪中的秘密事项；⑦ 经国家保密行政管理部门确定的其他秘密事项。另外，政党的秘密事项符合国家秘密性质的也属于国家秘密。其具体的保密范围、保密程度则由各机关、各单位根据上述规定及《保守国家秘密法》第九条规定具体划定。

而国家秘密的载体主要有以下几类：

第一，以文字、图形、符号记录国家秘密信息的纸介质载体，如国家秘密文件、资料、文稿、档案、电报、信函、数据统计、图表、地图、照片、书刊、图文资料等。这种载体形式是目前最常见的国家秘密载体。

第二，以磁性物质记录国家秘密信息的载体，如记录国家秘密信息的计算机磁盘（软盘、硬盘）、磁带、录音带、录像带等。这种载体形式随着办公现代化技术的发展，将越来越多。

第三，以电、光信号记录传输国家秘密信息的载体，如电波、光纤等。国家秘密以某种信号形式在这种载体上流动、传输，通过一定技术手段才能把这种涉密信息还原，知悉具体内容。

第四，含有国家秘密信息的设备、仪器、产品等载体。

上述四种载体是国家秘密载体的基本形式。我们开展的定密工作，主要是针对这些有形的国家秘密事项的载体，依照法定程序确定密级，并制定具体保密措施，将这些秘密载体管住、管好。

2. 国家秘密的等级划分

国家秘密的等级简称密级。它是根据国家秘密具体范围的事项重要程度及其泄露后对国家安全和利益造成的不同损害程度,对国家秘密事项作出的秘密等级的划分。

《中华人民共和国保守国家秘密法》第十条把国家秘密分为三级:绝密,是指最重要的国家秘密,泄露会使国家安全和利益遭受特别严重的损害;机密,是指重要的国家秘密,泄露会使国家安全和利益遭受严重的损害;秘密,是指一般的国家秘密,泄露会使国家安全和利益遭受损害。

《中华人民共和国保守国家秘密法》对国家秘密三个等级的划分只是作了原则上的规定。在实际工作中,如何认定某一事项泄露后会使国家的安全和利益遭受特别严重的、严重的或是一般的损害,需要从时间的长短上、空间的广度上、数量的多少上和性质的程度上等各种因素作综合分析。

而对于定密级的权限,国家规定:中央国家机关、省级机关及其授权的机关、单位可以确定绝密级、机密级和秘密级国家秘密;设区的市、自治州一级的机关及其授权的机关、单位可以确定机密级和秘密级国家秘密。具体的定密权限由国家保密行政管理部门规定。

3. 国家教育考试中属于国家秘密的材料

第一,绝密级事项:国家教育全国统一考试在启用之前的试题(包括副题)、参考答案和评分标准,如全国大学英语四六级考试、研究生入学考试、高考、各种资格考试等的试题、答案和评分标准。

第二,机密级事项:国家教育省级统一考试在启用之前的试题(包括副题)、参考答案和评分标准。

第三,秘密级事项:国家教育全国、省级和地区(市)级统一考试命题工作及参与人员的有关情况;国家教育地区(市)级统一考试在启用之前的试题(包括副题)、参考答案和评分标准;国家教育全国、省级和地区(市)级统一考试在启用之后的评分标准。

(二) 故意泄露国家秘密罪

1. 故意泄露国家秘密罪的定义

故意泄露国家秘密罪是指国家机关工作人员违反国家保密法的规定,故意泄露国家秘密,情节严重的行为。

2. 故意泄露国家秘密罪的犯罪构成

(1) 犯罪客体。

本罪侵犯的客体是国家的保密制度。保守国家秘密是一切国家机关、武装力量、政党、社会团体、企事业单位和每个公民对国家应尽的义务，它是一项维护国家安全和利益、保卫和促进社会主义建设事业发展的重要工作。任何泄露国家秘密的行为，都会给国家的安全和人民的利益造成严重危害。因此，每个公民必须坚决同一切泄露国家秘密的行为作斗争。

(2) 犯罪客观方面。

本罪在客观方面，行为人必须具有违反国家保密法的规定，故意泄露国家秘密，情节严重的行为。国家保密法主要包括《中华人民共和国保守国家秘密法》以及《中华人民共和国保守国家秘密法实施办法》。各有关国家机关，依据国家保密法所规定的保密范围、保密制度和职责、要求结合本部门、本单位的实际情况所作的具体保密规定，都是国家保密法的具体实施规定。违反了这些具体实施规定的，必然违反保密法规，在审判实践中都被认为属于违反国家保密法的行为。

所谓泄露，就是行为人把自己掌管的或者知道的国家秘密让不应该知道的人知道。泄露行为的方式是多种多样的：可以是口头泄露，也可以是书面泄露；可以是用交实物的方法泄露，也可以是用密写、影印、拍摄、复制等方法泄露。泄露的不同方式，不影响泄露国家秘密罪的成立。但是，如果是敌人或他人以盗窃、侦察、破译、遥测等方式获取了秘密，因而造成的泄露，而本人没有违反保密法规定，不属于泄露国家秘密罪的行为，不能据此而追究主管、经管该项秘密的人员或其他有关人员的泄密责任。

同时，泄露国家秘密，必须是情节严重的，才构成犯罪。

(3) 犯罪主体。

该罪的主体一般为特殊主体，即国家机关工作人员才能构成该罪。因为在通常情况下，只有国家机关工作人员才能掌握、了解国家秘密。非国家机关工作人员也可构成该罪，但性质上不属于渎职罪。

(4) 犯罪主观方面。

该罪在主观方面表现为故意，过失不能构成该罪。

（三）免予刑事处罚的概念和事由及其与无罪判决的区别

1. 免予刑事处罚的概念

刑罚的免除，也称免除刑罚、免除处罚、免除刑事处罚、免除刑罚处罚，是指对行为作有罪宣告，但对行为人免除刑罚处罚，即不判处任何刑罚。免除刑罚包括两种情况：一是对行为作有罪宣告，不判处刑罚，但给予一定的非刑罚处罚；二是对行为作有罪宣告，既不判处刑罚，也不给予其他非刑罚处罚，即单纯宣告有罪。免除刑罚虽然是免除了刑罚处罚，但仍然是实现刑事责任的方式；在免除刑罚的情况下，仍然追究了犯罪人的刑事责任。所以，免除刑罚不意味着免予追究刑事责任。

免除刑罚以行为构成犯罪为前提。换言之，免除刑罚以原则上应当给予刑罚处罚为前提。如果行为不构成犯罪，不应当受刑罚处罚，那么，就只能是不处罚。

免除刑罚以具备刑法规定的免除刑罚的情节为前提，这种情节表明罪行轻微，犯罪人的人身危险性小，即使不判处刑罚，也符合罪刑相适应原则，也能实现预防犯罪尤其是特别预防的目的。免除刑罚虽然以犯罪情节轻微为前提，却与《中华人民共和国刑法》第十三条但书所规定的“情节显著轻微危害不大的，不认为是犯罪”的情况具有本质区别。后者不构成犯罪，不能给予刑罚处罚，而不是免除刑罚的问题。

2. 免除刑罚的事由

《中华人民共和国刑法》规定了 16 种免除刑罚的事由。其中，有的是应当免除刑罚的事由，如没有造成损害的中止犯（第二十四条）；有的是可以免除刑罚的事由，如自首且犯罪较轻的（第六十七条）、非法种植毒品原植物在收获前自动铲除的（第三百五十一条）；有的是单一免除刑罚的事由（如第二十四条、第六十七条、第三百五十一条）；有的是减轻或者免除刑罚的事由（如第十条、第二十条、第二十一条、第二十八条、第六十八条、第一百六十四条、第三百八十三条、第三百九十条、第三百九十二条）；有的是从轻、减轻或者免除刑罚的事由（第十九条、第二十二条、第二十七条）。

3. 免除刑罚与无罪判决的区别

（1）两者的法律依据不同。

免予刑事处罚所依据的是《中华人民共和国刑法》第三十七条的规定，而无罪判决所依据的是《中华人民共和国刑事诉讼法》第一百九十五条的规定。

一个是实体法，一个为程序法。

（2）两者的适用条件不同。

免予刑事处罚要符合两个条件：一是犯罪情节轻微，二是不需要判处刑罚。只有当两个条件同时符合时，才能适用免予刑事处罚。

（3）两者的法律后果不同。

免予刑事处罚是人民法院认定某种行为构成犯罪，但因犯罪情节轻微，而判决免予刑罚的一种处罚；是人民法院以被告人构成犯罪为前提，以犯罪情节轻微不需要判处刑罚为概括性条件的随法选择。法律规定应当免除刑罚的，必须判决免除刑罚。

简言之，免予刑事处罚，是有罪而免罚，仍然构成刑事犯罪。而无罪判决的法律后果是：嫌疑人被羁押的，应当立即释放。无罪，当然就无需承担刑事责任，不受刑事处罚。

（四）案件评述

本案是以泄露大学英语四六级考试考题来谋取利益为犯罪内容的故意泄露国家秘密犯罪行为，对于各被告人的判决可作如下分析：

首先对于林某、甘某等人而言，他们是作为国有事业单位的学院的英语系老师。作为教师，他们本来不属于国家机关工作人员的范畴，但对林某等人担任监考这一职务来说，应该视为受国家机关委托，被授权可直接接触和掌握属国家机密的考题考卷，在此时，其身份已相当于国家机关工作人员，故符合本罪犯罪主体的要求。被告人阮某、梁某、苏某等三人虽然并不是参加考试监考、考务管理的校方人员，无直接接触和掌握机密的授权，但其间接地从林某等人处获得了考题和答案并以牟利为目的泄露给他人，属《中华人民共和国刑法》三百九十八条规定的"国家机关工作人员违反保守国家秘密法的规定，故意或者过失泄露国家秘密，情节严重的，处三年以下有期徒刑或者拘役；情节特别严重的，处三年以上七年以下有期徒刑。非国家机关工作人员犯前款罪的，依照前款的规定酌情处罚"，所以，应依法按照共同参与犯罪予以定罪处罚。

其次，对于本罪中泄露的大学英语四六级考试考题是否属于国家秘密的问题，很多人会在实践中认为它只是一种资格和能力考试，而且贩卖答案的广告铺天盖地，它并不是什么重要的东西，会忽略它的国家秘密属性。但是大学英语四六级考试的试题等在考试结束前是保密法规定的"机密"等级的国家秘密。其实，我们在日常生活中考虑国家秘密时不能望文生义，它并不仅仅指那些我们可能永远也不会接触的军事、经济、政治方面的情报和重要文件，还包括围绕在我们身边的这些重要信息。

再次，各犯罪行为人虽然在实施行为时动机不同，但都有“明知”和“故意”泄露的事实。如林某等人是为了谋取单位的利益，阮某等三人是为了谋取个人利益，均是在明知是国家秘密而积极追求将其泄露的故意支配下的行为。

最后，法院在判决时，对本案被告人都宣告了缓刑或免予刑罚。其原因在于本案的犯罪被告人都是从事教育工作的英语老师和在校学生，并无刑事犯罪的前科和背景，犯罪后确有悔罪认识和认罪表现。而法律惩罚犯罪最大的意义在于通过对一起案件的审理为他人提供指引、评价和教育，而非惩罚本身，所以对他们的小惩大诫更是教育和对他们未来的无限期许。

从本案中，要引以为戒的主要是高校老师可以利用职务之便获取考试题目的问题。为什么高校老师可以轻松地成为获取试题的人？这似乎值得我们思考。我们的国家对于这些试题从出题、印刷、封存、运输到分配的各个环节是否都严格把关了？如何确保一份关系考生命运的试题可以安然无恙，这个问题值得考试机构深思。如何加强管理，从源头上避免秘密外泄，需要各级考试机构加倍努力。

内外勾结举办“权威”考前辅导案

在国家教育考试之前，各种考前辅导班层出不穷，让人眼花缭乱，考前辅导俨然成为一种新兴的产业。在形形色色的考前辅导班中，大多是根据考试大纲要求，结合自身的专业知识，对考生进行辅导。但也有少数不法分子，为吸引学员，谋取暴利，与考试工作人员勾结，在考前窃取试题，进而开展所谓的“权威”辅导，严重破坏了考试公平，扰乱了考试秩序，到头来却是害人又害己。我们选取的就是这样一起案例。

案例

曹某同刘某于 2003 年在廊坊大学城合办了某培训学校。曹某是某培训学校教师，刘某为培训学校法定代表人。2003 年 8 月，为使大学英语四级考前辅导能够吸引更多生源，牟取暴利，曹某与刘某预谋利用曹某的关系，通过担任某大学教务处教务科副科长并负责保管大学英语四级考试试卷的史某透露一些国家英语四级考试试题的内容。经过多次“磋商”，史某终于答应了曹某的要求。

2003 年 9 月 19 日上午，史某将大学英语四级考试试卷从教委取回后就提供给曹某阅览。当晚，曹、刘二人在中国地质大学（北京）租用报告厅举办考前“点题讲座”，曹某泄漏了四级考试试卷的部分内容，从在地质大学听取曹某“权威”讲课的 700 余名学生中直接获利 1.4 万元。随后，在 2003 年 9 月 20 日，因受非典疫情影响而推迟举行的大学英语四六级考试结束后，有人向媒体反映大学英语四级考试有可能泄题，举报人还提供了某学校点题班上的录音和笔记。9 月 21 日，媒体披露：某培训学校考前押中大部分四级试题。

这一消息引起国务院、教育部和北京市委、市政府领导的高度重视。北京市公安局介入此案，于 2003 年 10 月 2 日，在北京将曹某抓获。通过曹某的交代，同年 10 月 5 日，北京市公安机关在鞍山市公安机关的配合下将刘某抓获。2003 年 10 月 8 日，史某向领导交代了将大学英语四级考试试题泄露给曹某的事实。国家保密局证实，大学英语四级考试试卷在考试前属于机密级国家秘密。

2004 年 4 月 23 日，北京市检察院一分院以涉嫌故意泄露国家秘密罪，对刘某、曹某、史某 3 人提起公诉。但在庭审中，3 人均声称自己是从犯。北京市第一中级人民法院审理后认为：史某直接负有保管大学英语四级考试试卷职责，而故意将试卷内容泄露；曹某积极非法获取作为国家机密的考试内容，且为私利故意泄露给近千人；二人在泄露国家秘密的过程中均起主要作用。刘某在共同泄露国家秘密的过程中，起辅助、次要作用，可以认定为从犯。同时认定史某主动向单位交代了全部犯罪事实，有自首情节。于是，北京市第一中级人民法院以故意泄露国家秘密罪判处史某有期徒刑三年，曹某有期徒刑三年，刘某有期徒刑两年。

法律问题

（1）故意泄露国家秘密罪的认定及其与相关犯罪的区别。

（2）本案是否涉及非法获取国家秘密罪？

（3）如何区分正常的考前辅导与以辅导为名的泄密？

法条索引

（1）法律《中华人民共和国刑法》第二十五条、第二十六条第一款、第二十六条第三款、第二十七条、第六十七条第一款、第六十一条、第六十二条、第六十三条第一款、第六十四条、第七十二条第一款、第七十三条、第二百八十二条、第三百九十八条。

（2）司法解释《最高人民法院关于处理自首和立功具体应用法律若干问

题的解释》(法释[1998]8 号)第一条。

法理分析

(一)故意泄露国家秘密罪的认定及其与相关犯罪的区别

1. 本罪的认定

要认定一个行为构成何种犯罪要从多方面进行分析。首先要判断此行为是否符合某种犯罪构成,不符合的自然也就不存在犯罪的问题,如果符合了该罪的犯罪构成才可以说这个行为可能会构成某种犯罪。其次,判断行为是否有违法性,也就是有没有我们通常所说的正当防卫、紧急避险等合法的事由阻却这个违法行为。如果有,应当认为该行为由于具有违法阻却事由而不认为构成犯罪;如果没有,那么就要进入下一个阶段的评价。最后,行为人的有责性,前面的判断都成立之后,最后就要看行为人的年龄有没有达到法定的要求,有没有精神疾病或者不受自我控制意志的情形等。如果这些情况都不存在,我们才可以最终判定一个行为构成了某种犯罪。

具体到故意泄露国家秘密罪来说,首先要判定的就是一个案件中表现出来的行为是否符合故意泄露国家秘密罪的犯罪构成。如前所述,故意泄露国家秘密罪的犯罪构成,包括主体是国家机关工作人员或有可能掌握国家秘密的一般人;主观上必须是故意;客观上要有泄露的行为,并且泄露的必须是国家秘密。当符合这一系列条件之后,方可进入下一步的分析。可以说,对构成要件的认定是积极检验行为是否为法律所禁止,而违法性则是消极检验行为是否为法律所允许。如果行为人泄露国家秘密没有法律允许的事由,那么最后就是判断泄露者本身的有责问题了。如果行为人的年龄达到 16 周岁,精神状态也良好,不会由于什么原因导致价值判断有问题、无法为合法行为的话,我们最终就可以认定该行为人构成了故意泄露国家秘密罪。

2. 本罪与非罪行为的界限

根据《中华人民共和国刑法》的规定,只有故意泄露国家秘密情节严重的,才构成犯罪。因此,区分本罪与非罪行为的界限关键是看泄密的情节是否严重。如果泄密情节尚未达到严重程度的,属于一般的违法违纪行为,对行为人可以给予党纪政纪处理,但不能以犯罪追究行为人的刑事责任。

3. 本罪与为境外窃取、刺探、收买、非法提供国家秘密、情报罪的界限

两者的区别主要在于:① 侵犯的客体不同。前者侵犯的客体是国家的保密制度,属于渎职罪的范畴;而后者侵犯的客体是国家安全和利益,属于危害国家安全罪的范畴。② 犯罪对象不完全相同。前者的对象是涉及国家安全和利益的国家秘密;而后者的对象除了国家秘密外,还包括影响国家安全的情报。③ 犯罪的行为表现不同。前者在客观方面表现为违反国家保密法规,将自己了解和掌握的国家秘密泄露给他人的行为,其行为的主要特征是泄露国家秘密;而后者在客观方面则表现为为境外的机构、组织、人员窃取、刺探、收买、非法提供国家秘密的行为,其法定行为方式是窃取、刺探、收买、非法提供。④ 构成犯罪的情节要求不同。前者要求泄露国家秘密的情节严重才能构成犯罪;而后者则在构成犯罪上没有情节的要求。⑤ 犯罪主体不同。前者的主体主要是国家机关工作人员,而后者的主体则为一般主体。

4. 本罪与侵犯商业秘密罪的界限

两者的区别主要表现在:① 犯罪客体不同。前者侵犯的直接客体是国家保密制度;而后者侵犯的直接客体是权利人对商业秘密的专用权,同类客体是知识产权。② 犯罪对象不同。前者的犯罪对象是国家秘密,即关系国家安全和利益,依照法定程序确定,在一定时间内只限一定范围的人员知悉的事项,它代表国家利益;而后者的犯罪对象则是商业秘密,即不为公众所知悉,能为权利人带来经济利益,具有实用性并经权利人采取保密措施的技术信息和经营信息,它代表权利人的经济利益。③ 犯罪客观方面的表现形式不同。前者在客观方面表现为违反国家保密法规,使不应该知悉某项国家秘密的人员知悉了该项国家秘密的行为,其行为特征是泄露。而后者在客观方面的表现形式则比较复杂,不完全是泄露或披露,根据《中华人民共和国刑法》的规定,主要包括:以盗窃、利诱、胁迫或其他不正当手段获取权利人的商业秘密的行为;披露、使用或者允许他人使用以前项手段获取的权利人的商业秘密的行为;违反约定或者违反权利人有关保守商业秘密的要求,披露、使用或者允许他人使用其所掌握的商业秘密的行为。此外,明知或应知上述所列行为,仍然获取、使用或者披露他人的商业秘密的,也以侵犯商业秘密论处。④ 犯罪主体不同。前者的主体只能是自然人,且以国家机关工作人员

为主；而后者的主体则既可以是自然人，也可以是单位。⑤ 犯罪主观方面有所不同。前者主观上只能是故意；而后者主观上既可以是故意，也可以是过失。如果国家机关工作人员违反《中华人民共和国保守国家秘密法》的规定，披露属于国家秘密的商业秘密，则属于法条竞合，按照特别法优于普通法的原则，以泄露国家秘密罪论处。

5. 本罪与非法获取国家秘密罪的界限

它们之间除了在侵犯的客体、犯罪主体上有根本的不同和在犯罪主观方面有些不同外，区别的关键是具体实施的行为不同。前者是行为人将知悉的国家秘密向不应知悉的人泄露的行为，是由内向外的行为动向；后者是行为人通过窃取、刺探、收买的方法非法获取国家秘密的行为，是从外向内的行为动向。如果一个人出于泄露国家秘密的罪过心理，先非法获取国家秘密而又实施泄露国家秘密行为的，就属于牵连犯，从一重罪处断。

（二）本案有无涉及非法获取国家秘密罪

如前所述，故意泄露国家秘密罪与非法获取国家秘密罪在某些情况下是有相似之处的，关键区别在于：前者是将知悉的国家秘密泄露给不应知悉者的行为；后者是以窃取、刺探、收买方法非法获取国家秘密的行为。非法获取国家秘密的人又故意泄露该国家秘密的，虽然也符合故意泄露国家秘密罪的构成要件，但宜从一重罪论处。对于本案的被告人史某，他本身就是负责保管英语四级考试试卷的国家机关工作人员，所以，他并不存在非法获取国家秘密的行为。另外两名被告人曹某和刘某是英语辅导机构的工作人员，是不掌握国家秘密的主体，但他们为了牟利，用金钱、物质这些非法的方法，与掌有国家秘密的史某交换国家秘密。这符合非法获取国家秘密罪的犯罪构成。由于本案是依法掌握国家秘密的人员与不掌握国家秘密的人员经事前谋划，共同实施的犯罪，他们的主要成员本来就掌握国家秘密，他们的共同的故意不是获取国家秘密，而是要通过泄露国家秘密而敛财。因此，按照主客观一致的原则，本案尽管有非法获取国家秘密的行为存在，但作为共同犯罪，本案只能以故意泄露国家秘密罪论处。

（三）考前辅导与以辅导为名的泄题的区别

考前辅导一般是指为了更好地了解考试和有效地复习而对应考考生在诸如考试内容梳理、重点疑难问题解析和考前心理等方面所做的一系列专门的辅导。

在现代社会，各种辅导机构层出不穷，但考前辅导的主要形式还是大多表现为现场老师授课和网络视频的模式。正规的考前辅导应该可以从以下几个方面认定：一是时间，正常的考前辅导肯定应该有足够的时间去讲解和分析一门考试；二是内容，正规的考前辅导应该是针对该门考试的全面或者重点问题的教学；三是价格，正规的考前辅导应该根据课程时长、内容等制定符合公众一般理解的价格。而以辅导为名的泄题则一般与这些要素相反：通常时间很短，都是考前半天之类的，为了防止时间过长引起相关部门注意；内容一般都是与考题相关或者相近的信息；价格上一般很昂贵。但是正规机构的考前辅导也有考前押题之类的，对这个情况的区分主要还是从其押的题目与正式考试的相似程度，题目设置的角度、数量、答案以及该知识点的重要性程度和热度等因素来综合分析。以英语考试为例，押中作文的热点方向可能相对可信，但是押中阅读的文章和题目设置则一般被认为不可能。

（四）案件评述

首先，本案涉案三人的行为符合故意泄露国家秘密罪的构成要件。

从犯罪主体看，本罪的主体包括国家机关工作人员及非国家机关工作人员。史某作为某大学教务处教务科副科长，负责保管大学英语四级考试试卷，可见，其身份是国家机关工作人员，而本身也是保管试卷的人员，他是负有相应的保密义务的主体。对于培训机构的曹某和刘某而言，他们俩虽然不是国家机关工作人员，但是由于非国家机关工作人员也可能出于某种原因知悉国家秘密，因而也可能泄露国家秘密，所以，《中华人民共和国刑法》第三百九十八条第二款规定，非国家机关工作人员泄露国家秘密的，也构成犯罪。而曹某和刘某通过史某知悉了大学英语四级试题，自然也就成为了本罪的主体。

在主观方面，本罪要求故意，即行为人知道或应当知道自己所泄露的对象为国家秘密，且明知自己的行为会造成国家秘密被不应知悉的人知悉的后果，而追求或放任这种后果的发生。本案中史某作为一个负责保管大学英语四级考试试卷的副科长，必然知道自己手握的是国家秘密，他为了利益，与曹某协商把试题给他看，也意味着他知道曹某想要获得试题的目的就是通过泄题谋取暴利，他在明知是国家秘密的情况下，为了金钱利益而将其泄露出去，显然出于故意。对于曹某和刘某来说，他们本就是为了泄露题目获利而从史某处得到题目，主观上也是故意。

本罪的客体是国家秘密，不言而喻，大学英语四级考试试题是国家机密级的秘密，所以史某泄露的是他依职责不应泄露的国家机密。而曹某和刘某泄露的也是为法律所不允许的国家秘密。

本罪的客观方面，需具有故意泄露国家秘密情节严重的情形，即“情节严重”是本罪的成罪标准。根据司法实践，涉嫌故意泄露国家秘密的行为，具有下列情形之一的，应予追诉：① 泄露绝密级或机密级国家秘密的；② 泄露秘密级国家秘密 3 项以上的；③ 向公众散布、传播国家秘密的；④ 泄露国家秘密已造成严重危害后果的；⑤ 利用职权指使或者强迫他人违反国家保守秘密法的规定泄露国家秘密的；⑥ 以牟取私利为目的泄露国家秘密的；⑦ 其他情节严重的情形。非国家机关工作人员涉嫌故意泄露国家秘密犯罪行为的追诉标准参照上述标准执行。毋庸置疑，史某等人泄露的是机密级国家秘密，且曹某通过公开讲座的方式泄题，人数近千人，且大量获利，他们的行为属于情节严重，应当受到刑法制裁。

其次，根据共犯理论，史某、曹某、刘某三人是构成共同犯罪的。第一，三人以上符合共同犯罪的人数要求，且三人均是具有完全刑事责任能力的人。第二，三人在泄露国家秘密获利这一点上是具有共同故意的，史某利用自己保管大学英语四级试题的职务之便获取利益泄露题目，对泄露的题目有无继续扩大泄露范围是持放任态度的，曹某等人则利用被泄之题开办讲座获利，都是追求金钱利益，都是放任题目被泄露。第三，在共同行为这一点上，正如上所述，三人都实施了故意泄露国家秘密这一犯罪行为，且他们的行为是相互配合，互为因果的，没有史某泄题，就不会有曹某泄题，而没有曹某的金钱诱惑也就不会有史某的泄题，可见他们的行为是一个统一的整体，缺一不可。在审理过程中，虽然三人均主张自己是从犯，但从主犯与从犯的区分我们可以看出，史某泄题的行为对犯罪结果的影响极大，如果没有他提供题目，那么曹某、刘某的泄题获利行为将不会那么快捷和顺利，可见史某必然是主犯。曹某在共同犯罪的活动中首先提出犯意，并积极活动希望促成，之后又有讲座大面积的泄题的实行行为，他显然也是主犯。而刘某在整个犯罪中只是充当了一个帮手或者说分赃者的角色，既没有提出犯罪的想法，也没有上台“演讲”那样的实行行为，也没有积极搜寻获取试题的渠道，所以对于刘某可认定为从犯。

最后，对于史某自首的认定，他在犯罪已经被发觉，但犯罪嫌疑人尚未受到司法机关的讯问、未被采取强制措施、未被群众扭送时，主动向所在单位如实供述了所有的犯罪事实，法律认为向单位如实供述的也应该认定为自首，且在共同犯罪中，史某不仅交代了自己的罪行也交代了共同犯罪人的罪行，符合自首的要件。

本案对于各类考试辅导机构而言，无疑是一个明确的警告。当前，每当重要考试来临，形形色色的广告铺天盖地，并且往往都打着“真题”“权威”的招牌。这个案例告诉我们，如果它真是“真题”，当事人就将会面临故意泄露国家秘密罪的指控。而如果它不是“真题”，当事人又会面临诈骗罪的指控。因此，考试辅导机构还是应当集中力量加强教学研究，提高培训质量，绝不能另辟“蹊径”，通过不正当手段刺探考题，借此敛取暴利。

共同窃题出售故意泄露国家秘密案

共同舞弊是一种常见的考试舞弊形式。实践中，一些考试舞弊行为涉及的环节较多，往往需要多人“协作”才能完成。我们选取的这个共同犯罪的案例中，犯罪团伙中的各个成员分工明确，考试工作人员负责窃取试题，教师负责做出答案，另有专人负责发送、出售试题及答案。

案例

2002 年 6 月至 2003 年 12 月，被告人孔某等人先后三次组织窃取并售卖大学英语四级考试试题和答案。孔某利用监考老师可以提前拿到试卷的便利，提前领取试卷并拆封，将作文题目和要求告诉杜某等人，将其中的 A、B 卷试题各一份交给被告人陈某，由陈某复印后，交给杜某、徐某、谢某做出答案，发送给参加考试的胡某，胡某再将答案发送给购买答案的被告人李某等人。

此后，孔某又在网上发布可以提供英语四级考试答案的帖子，留下 QQ 及邮箱号，与购买答案者在网上联系。考试当天，孔某提前领取试卷到厕所拆封，把作文题目和要求告诉做作文者写出作文，由胡某发送给买家；把试卷交给陈某带出与孙某一起复印后，交给其他做题者做出其余题目答案，把答案发送给买家。

2003 年 12 月 27 日早上，由胡某冒充监考老师与孔某同场监考以掩护其窃卷行为。领取试卷后，孔某到厕所拆封，将作文题目和要求告诉做题者；又将试卷交给陈某带回孔某家中，由肖某复印后，分发给做题者；答案做好后，肖某等人在开考前发送给买家。李某与事先联系好的买家白波等人共同接收答案，由于其QQ出现问题，临时改由郑某在网吧接收答案，并代李某将答案发送给在网上接收答案的王某等人。

最后经过审理，法院认为，被告人孔某伙同他人进行有组织、有预谋的犯罪，并主要利用现代科技手段进行泄露国家秘密的犯罪活动，其本人又是共同犯罪中的组织者、策划者，其泄露国家机密级秘密的次数达三次，获取的非法利益数额巨大，泄露的范围广，涉及的人数众多，其行为严重破坏了国家正常的考试制度及有关国家机关对全国大学英语四级考试的管理秩序，造成了极为恶劣的社会影响，因此其犯罪情节特别严重。被告人胡某、孙某、陈某尽管各自所处的地位、所起的作用不同，但都起次要或辅助作用，都是从犯，应根据其所参与的犯罪及所起作用的大小，依法从轻、减轻或免除处罚。而对于李某的行为，法院审理后认为，其属于牵连犯，依法应从一重罪处罚。相较之下，《中华人民共和国刑法》第二百八十二条规定的处罚更重，故对被告人李某应以非法获得国家秘密罪定罪处罚。据此，判决被告人孔某犯故意泄露国家秘密罪，判处有期徒刑四年。被告人胡某犯故意泄露国家秘密罪，判处有期徒刑两年。被告人李某犯非法获得国家秘密罪，判处有期徒刑一年六个月，缓刑两年。被告人孙某犯故意泄露国家秘密罪，判处有期徒刑一年，缓刑一年。被告人陈某犯故意泄露国家秘密罪，判处有期徒刑六个月，缓刑一年。对查获的本案被告人犯罪所用的电脑、手机、传呼机等作案工具予以没收。对被告人孔某非法所得人民币206300元、对被告人李某非法所得人民币26000元、对被告人孙某非法所得人民币3000元、对被告人陈某非法所得人民币500元予以追缴。

法律问题

(1) 什么是共同犯罪？共同犯罪的责任如何划分？

(2) 什么是自首？自首如何认定？

(3) 什么是牵连犯？应如何处理？

法条索引

(1) 法律《中华人民共和国刑法》第二十五条、第二十六条第一款、第二十六条第三款、第二十七条、第六十一条、第六十二条、第六十三条第一款、第六十四条、第六十七条第一款、第七十二条第一款、第七十三条、第二百八十二条、第三百九十八条。

(2) 司法解释《最高人民法院关于处理自首和立功具体应用法律若干问题的解释》(法释[1998]8号)第一条。

(3) 司法解释《人民检察院直接受理立案侦查的渎职侵权重特大案件标准(试行)》(高检发[2001]13号)"三"之"(一)"。

(4) 司法解释《最高人民检察院关于人民检察院直接受理立案侦查案件立案标准的规定(试行)》(高检发研字[1999]10号)"二"之"(三)"。

法理分析

(一) 共同犯罪的认定及其责任划分

1. 共同犯罪的概念

依照《中华人民共和国刑法》第二十五条第一款的规定，共同犯罪是指二人以上共同故意犯罪。

2. 共同犯罪的构成

(1) 犯罪客观方面。

① 各共同犯罪人所实施的行为都必须是犯罪行为，也就是必须具有共同的犯罪行为，即各共同犯罪人的行为都是指向同一的目标，彼此联系，互相配合，结成一个有机的犯罪行为整体。这包括实行行为、组织行为、帮助行为和教唆行为。

② 各个共同犯罪人的行为由一个共同的犯罪目标将他们的单个行为联系在一起，形成一个有机联系的犯罪活动整体。

③ 各共同犯罪人的行为都与发生的犯罪结果有因果关系。

(2) 犯罪主观方面。

共同犯罪的主观方面要求必须具有共同的犯罪故意。首先，有共同犯罪的认识因素：一是各个共同犯罪人不仅认识到自己在实施某种犯罪，而且还认识到有其他共同犯罪人与自己一道在共同实施该种犯罪；二是各个共同犯罪人认识到自己的行为和他人的共同犯罪行为结合会发生危害社会的结果，并且认识到他们的共同犯罪行为与共同犯罪结果之间的因果关系。其次，有共同犯罪的意志因素：一是各共同犯罪人是经过自己的自由选择，决意与他人共同协力实施犯罪；二是各共同犯罪人对他们的共同犯罪行为会发生危害社会的结果，都抱有希望或者放任的态度。

(3) 主体条件。

共同犯罪成立的主体条件是两人以上。这里的“人”是指符合刑法规定的作为犯罪主体条件的人，不仅包括达到刑事责任年龄、具备刑事责任能力的自然人，也包括法人、单位等法律拟制的人。具体而言，既包括两个以上的自然人所构成的共同犯罪，也包括两个以上的单位所构成的共同犯罪，还包括单位与有责任能力的自然人所构成的共同犯罪。

(4) 不属于共同犯罪的情形。

二人以上共同过失犯罪的，不属于共犯，只需根据个人的过失犯罪情况分别负相应的刑事责任即可。

二人以上实施共同的危害行为，但罪过形式不同，即一人为故意犯罪，一人为过失犯罪，虽然两人的行为共同导致危害结果的发生，但不属于共同犯罪。

犯罪的故意内容不同，该不同的罪过内容能够决定行为性质不同，而不构成共同犯罪。

同时犯不成立共同犯罪。所谓同时犯，即指没有共同实行犯罪的意思联络，而是在同一时间、同一场所实施同一性质的犯罪行为，对此应作为单独犯罪分别论处。

超出共同故意范围之外的犯罪行为，这部分过限不属于共犯范畴。共犯人超过共同犯罪故意又犯其他罪的，对其他罪只能由实行该种犯罪行为的人独自负责，其他共犯人对此不负刑事责任。

事前无通谋的事后帮助行为主要是指事后窝藏、包庇、窝赃、销赃等行为，对此，不构成共同犯罪。因为在事先无通谋、在犯罪实行过程中也无通谋，故缺乏共犯的主观条件，对这种事后帮助行为应单独定罪。

片面共犯不属于共同犯罪。所谓片面共犯是指共同行为人的一方有与他人共同实施犯罪的意思，并加功于他人的犯罪行为，但他人不知其给予加功的情况。

3. 共同犯罪的责任承担

共同犯罪中按照各行为人分工的不同可以分为主犯、从犯、胁从犯和教唆犯。

(1) 主犯及其刑事责任。

主犯是指组织、领导犯罪集团进行犯罪活动或者在共同犯罪中起主要作用的人。主犯包括两类：一是组织、领导犯罪集团进行犯罪活动的犯罪分子，即犯罪集团中的首要分子；二是其他在共同犯罪中起主要作用的犯罪分子，即除犯罪集团的首要分子以外的在共同犯罪中对共同犯罪的形成、实施与完成起决定或重要作用的犯罪分子。对主犯的责任承担是指对组织、领导犯罪集团的首要分子，按照集团所犯的全部罪行处罚；对其他主犯，应按照其所参与或组织、指挥的全部犯罪处罚。

(2) 从犯及其刑事责任。

从犯是指对犯罪起辅助作用的，或者是起次作用的，前者即帮助犯，后者即次要的实行犯。对从犯的处罚原则是应当从轻、减轻或免除处罚。

但是，刑法中明确规定了为特定犯罪提供资助、协助等帮助行为但不作为共同犯罪论处的情形：向背叛国家、分裂国家、武装叛乱、暴乱颠覆国家政权等犯罪活动进行资助行为的，直接单独定性为资助危害国家安全犯罪活动罪；向恐怖活动组织或者实施恐怖犯罪行为提供资助的行为，直接以资助恐怖活动罪论处；协助组织他人卖淫的行为，直接以协助组织卖淫罪论处；帮助毁灭、伪造证据罪，即使没有此罪也不按共犯处理。

(3) 胁从犯及其刑事责任。

胁从犯是被胁迫参加犯罪的人，即在他人威胁下不完全自愿地参加共同犯罪，并且在共同犯罪中起较小作用的人。如果行为人起先是因为被胁迫而参加共同犯罪，但后来发生变化，积极主动实施犯罪行为，在共同犯罪中起主要作用，则不宜认定为胁从犯。若行为人身体完全受强制、完全丧失意志自由时实施某种行为以及符合紧急避险条件的行为，不成立胁从犯。对于胁从犯，应当按照他的犯罪情节减轻处罚或者免除处罚。

(4) 教唆犯及其刑事责任。

教唆犯是指以授意、怂恿、劝说、利诱或者其他方法故意唆使他人犯罪的人。

① 成立教唆犯需要具备以下条件：首先，教唆犯所教唆的对象必须是达到刑事责任年龄、具有刑事责任能力的人。否则不成立教唆犯，而成立间接正犯。其次，必须有教唆行为。教唆行为的实质是引起他人的犯罪故意。如果教唆行为引起了被教唆人的犯罪故意，被教唆人进而实施了被教唆的犯罪行为，则教唆行为与被教唆人的犯罪行为构成共同犯罪；如果教唆犯实施了教唆行为，但被教唆的人没有犯被教唆的罪，则教唆犯与被教唆的人不成立共犯，但教唆犯仍然应当承担刑事责任。再次，必须有教唆故意。教唆犯只能由故意构成，过失不可能成立教唆犯。一般来说，教唆犯认识到自己的教唆行为会使被教唆人产生犯罪故意进而实施犯罪，认识到被教唆人实施的犯罪行为会发生危害社会的结果，希望或者放任被教唆人实施犯罪行为及其危害结果的发生。

② 教唆犯的处罚。第一，教唆他人犯罪的，应当按照他在共同犯罪中所起的作用处罚。如果起主要作用，就按主犯处罚；如果起次要作用，则按从犯从轻、减轻或者免除处罚。第二，教唆不满 18 周岁的人犯罪的，应当从重处罚。第三，如果被教唆的人没有犯被教唆的罪，对于教唆犯可以从轻或者减轻处罚。"被教唆的人没有犯被教唆的罪"通常包括以下情况：被教唆的人拒绝教唆犯的教唆；被教唆的人虽然接受教唆，但并没有实施犯罪行为；被教唆的人实施犯罪并不是教唆犯的教唆行为所致；被教唆的人虽然实施了犯罪，但所犯之罪的性质与教唆犯所教唆之罪的性质完全不同。在上述情况下，教唆行为并没有造成危害结果，故对教唆犯可以从轻或者减轻处罚。

（三）自首及其认定

1. 自首的定义

自首是指犯罪后自动投案，向公安、司法机关或其他有关机关如实供述自己的罪行的行为。我国刑法规定，自首的可以从轻或减轻处罚。其中，犯罪较轻的可以免除处罚。被采取强制措施的犯罪嫌疑人、被告人和正在服刑的罪犯，如实供述司法机关还未掌握的本人其他罪行的，以自首论。自首包括一般自首和特殊自首。

2. 自首的认定

（1）一般自首应满足的条件。

① 自动投案。

这是指犯罪事实或者犯罪嫌疑人未被司法机关发觉，或者虽被发觉，但犯罪嫌疑人尚未受到讯问、未被采取强制措施时，主动、直接向公安机关、人民检察院或者人民法院投案。

犯罪嫌疑人向其所在单位、城乡基层组织或者其他有关负责人员投案的；犯罪嫌疑人因病、因伤或者为了减轻犯罪后果，委托他人先代为投案，或者先以信电投案的；罪行尚未被司法机关发觉，仅因形迹可疑，被有关组织或者司法机关盘问、教育后，主动交代自己的罪行的；犯罪后逃跑，在被通缉、追捕过程中，主动投案的；经查实确已准备去投案，或者正在投案途中，被公安机关捕获的，应当视为自动投案。

并非出于犯罪嫌疑人主动，而是经亲友规劝、陪同投案的；公安机关通知犯罪嫌疑人的亲友，或者亲友主动报案后，将犯罪嫌疑人送去投案的，也应当视为自动投案。

犯罪嫌疑人自动投案后又逃跑的，不能认定为自首。

② 如实供述自己的罪行。

这是指犯罪嫌疑人自动投案后，如实交代自己的主要犯罪事实。

犯有数罪的犯罪嫌疑人仅如实供述所犯数罪中部分犯罪的，只对如实供述部分犯罪的行为认定为自首。共同犯罪案件中的犯罪嫌疑人，除如实供述自己的罪行，还应当供述所知的同案犯，主犯则应当供述所知其他同案犯的共同犯罪事实，才能认定为自首。

犯罪嫌疑人自动投案并如实供述自己的罪行后又翻供的，不能认定为自首；但在一审判决前又能如实供述的，应当认定为自首。

（2）特别自首。

主体必须是被采取强制措施的犯罪嫌疑人、被告人和正在服刑的人，且必须如实供述司法机关还未掌握的本人的其他罪行。

① 被采取强制措施的犯罪嫌疑人、被告人和已宣判的罪犯，如实供述司法机关尚未掌握的罪行，与司法机关已掌握的或者判决确定的罪行属不同种罪行的，以自首论。

② 被采取强制措施的犯罪嫌疑人、被告人和已宣判的罪犯，如实供述司法机关尚未掌握的罪行，与司法机关已掌握的或者判决确定的罪行属同种罪行的，可以酌情从轻处罚；如实供述的同种罪行较重的，一般应当从轻处罚。

(3) 自首的刑事责任。

对于自首的犯罪分子,可以从轻或者减轻处罚。其中,犯罪较轻的,可以免除处罚。

(四) 牵连犯的认定及其处理

1. 牵连犯的定义

牵连犯是指出于一个犯罪目的,实施数个犯罪行为,数个行为之间存在手段与目的或者原因与结果的牵连关系,分别触犯数个罪名的犯罪状态。对于牵连犯,除我国刑法已有规定的外,从一重罪论处。

2. 牵连犯的构成要件

第一,数罪必须出于一个犯罪目的。

牵连犯是为了实施某一犯罪,其方法行为或结果行为又构成另一独立的犯罪,这是牵连犯的他罪。牵连犯的本罪是一个犯罪,他罪是围绕本罪而成立的。

第二,必须实施了两个以上独立的犯罪行为。

数个行为表现为两种情况,一种是目的行为与方法行为,另一种是原因行为与结果行为。

第三,数个犯罪行为须有牵连关系。

牵连关系是指行为人所实施的数个犯罪行为之间具有方法与目的或原因与结果的密切联系。

第四,牵连犯的数个行为必须触犯不同的罪名。

这也包括两种情况,一是实施一种犯罪,其犯罪所采用的方法又触犯了其他罪名,如为了骗取财物而伪造了信用卡;二是实施一种犯罪,其犯罪的结果行为又触犯了其他罪名,如盗窃了他人的包,但发现包里是枪支和弹药。

3. 对于牵连犯的处理原则

牵连犯是处断上的一罪,因而实行从一重罪处断的原则。也就是说,对牵连犯应当采用吸收的原则,按照数行为所触犯的罪名中最重的罪论处。

但是,刑法分则中对个别牵连犯实行数罪并罚,如以暴力、威胁方法抗拒缉私的,以走私罪和妨害公务罪数罪并罚;也有对牵连犯从一重罪并从重处罚的规定,如徇私枉法罪与受贿罪或枉法裁判罪与受贿罪构成牵连犯的,按照处罚较重的规定定罪处罚。

所以,对于牵连犯的处罚原则是,在法条没有明文规定其他情形时,均按照从一重罪的处断原则。

（五）案件评述

1．本案中孔某等人的行为符合故意泄露国家秘密罪的构成

就主体而言，本罪的主体包括国家机关工作人员及非国家机关工作人员。《中华人民共和国刑法》在这里将非国家机关工作人员也规定为泄露国家秘密罪的主体，一是因为保守国家秘密是包括国家机关工作人员在内的一切公民、法人和其他组织的义务；二是因为能够持有国家秘密的也不仅限于国家机关工作人员，该类人员犯故意泄露国家秘密罪，也只有比照国家机关工作人员犯该罪的规定处罚，才能使国家秘密在不同的持有主体之间受到同等的保护。《中华人民共和国刑法》如此规定，即是加大了对国家秘密的保护力度。而孔某等人，有大学的教师，也有学生，虽然不是国家机关工作人员，但孔某作为老师，受国家机关委托，正式担任国家考试的监考，被授权可直接接触和掌握属国家机密的考题考卷，在执行国家考试的任务时，其身份已发生临时性的变化，相当于国家机关工作人员，可见她对于此国家秘密负有绝对的保密义务，而其他人虽然没有直接接触秘密的能力，但也从孔某处获得了秘密，所以同样有义务在考前予以保密。然则孔某等人是符合本罪的主体要件的。

就主观方面而言，本罪要求故意，即行为人知道或应当知道自己所泄露的对象为国家秘密；且明知自己的行为会造成国家秘密被不应知悉的人知悉的后果，而希望或放任这种后果的发生。本案中孔某犯罪的目的就是利用泄露四级题目和答案获利，显然是故意；而除孔某之外的被告人以及其他参与人员，虽然未实际接触卷袋，但根据其所受教育的程度和所处的环境、生活经历等，都应当知道全国大学英语四级考试是国家级考试，而任何考试试题都不应当在考试前被披露。因此，孔某外的其他参与人员为了获利而积极寻找买家同样是在故意泄露的主观支配下的。

本罪的客体是国家秘密，四级考试试题是国家机密级的秘密，所以孔某等人泄露的正是为国家保护的秘密，会给国家的利益造成很大的损失。

而本罪的客观方面需具有故意泄露国家秘密情节严重的情形，即“情节严重”是本罪的成罪标准。而在《中华人民共和国刑法》条文及最高人民法院对“情节严重”没有明确界定的情况下，法院依照最高人民检察院对于该罪的追诉标准确定行为人的行为是否构成犯罪是恰当的。本案中孔某等人连续

三次考试泄露国家秘密，获利20余万元，涉案人数众多，社会影响很大，构成情节严重。

综上而说，孔某等人的行为符合故意泄露国家秘密罪的要件。

2. 本案中各共同犯罪人责任承担

本案中孔某及其他被告人是共同犯罪，因为他们是基于同一个犯罪故意，即贩卖答案获取暴利，且有共同的犯罪行为，各犯罪人实施的都是泄露国家秘密的犯罪行为，且分工明确，是以孔某为中心的有组织的犯罪，也是在他们“各司其职”的配合下才产生了危害结果，也就是四级答案泄露的结果。没有孔某获取题目，就没有贩卖答案的可能性；而没有胡某等人找寻买家的结果，答案也不可能被泄露出去。所以，他们之间的行为是相辅相成的，是典型的共同犯罪行为。在本案中，被告人孔某是组织者、指挥者，也是国家秘密的保管者，系主犯无疑；被告人胡某、孙某、陈某尽管各自所处的地位、所起的作用不同，但都是起次要或辅助作用，都是从犯，应根据其所参与的犯罪及所起作用的大小，依法从轻、减轻或免除处罚。

3. 对被告人孙某和陈某的自首认定

被告人孙某在到案前，与其朋友见面时得知了公安机关正在调查的情况，在朋友的劝说下，决定投案自首，经过朋友与公安机关联系后，等待公安人员的到来，其行为应当认定为主动投案。在投案后，孙某也如实交代了自己的罪行，所以孙某的行为符合投案自首的构成要件，应当认定为投案自首。

而被告人陈某在接到公安机关的口头通知后，在其家人的陪同下，到公安机关投案，并如实交代有关犯罪事实，也应当认定为投案自首。所以，对被告人孙某、陈某均可依法从轻或减轻处罚。

4. 对被告人李某的罪名认定

法院不将李某作为孔某等人故意泄露国家秘密犯罪的共犯处理是正确的。尽管客观上李某的行为帮助了孔某获利并扩大了泄密范围，但在主观上并未与孔某等人达成共同的犯罪故意，也未参与孔某组织的策划、分工，甚至连孔某、胡某等人的真实身份都不清楚。就本案中所涉及的人员和行为而言，可分为以孔某为首的卖题者及卖题行为，以及像李某这类的买题者和购买试题及答案的行为。而李某与其他一般购题者行为的不同之处在于，他购得答案之后又以牟利为目的将所获得的试题和答案再泄露给他人，但并不能因此就成为孔某等人泄露国家秘密犯罪的共犯，否则可能陷入所有购题者均为孔某等人泄露国家秘密犯罪的共犯的错误逻辑中。

实际上，李某在本案中是实施了非法获取国家秘密和故意泄露国家秘密的行为。所谓非法获得国家秘密，是指以窃取、刺探、收买等方法，非法获取国家秘密的行为，这是一种破坏公共秩序的行为，也是破坏国家保密制度的行为。而李某正是以收买的方式从孔某等人处获取国家秘密并加以泄露，他买到答案之后的泄露国家秘密行为是非法获取国家秘密的结果行为，也就是说，他从孔某处买答案的行为触犯了非法获取国家秘密罪，而之后的结果行为，泄露四级答案的行为又触犯了故意泄露国家秘密罪，其行为符合牵连犯的特征，应择一重罪处罚。比较两罪会发现，非法获得国家秘密罪的成罪标准要低于故意泄露国家秘密罪，对情节严重的处罚又重于故意泄露国家秘密罪，因此认为该罪的处罚比故意泄露国家秘密罪更重。所以，法院最终以非法获得国家秘密罪对其定罪。

近年来，大学英语四六级考试作弊的问题层出不穷，甚至可以说贩卖答案之类的广告、消息遍布校园，充斥网络，而且大多是以明目张胆、毫无避忌的方式出现在我们的视线里，这不得不引起我们的深思。

首先，大学英语四六级考试的试题、答案、评分标准是属于国家机密级的，它在正式考试启用以前是不应当被知悉或泄露的，这是为了保障广大考生应考的公平性，也是为了能使国家切实地了解大学生的英语水平，发现大学生们普遍存在的缺陷和问题，以便日后更好地修改教科书、教学方法等。所以，无论是作为普通的公民还是参考的学生，维护公平、公正的考试环境从道德上来说都是我们应做的，从法律上来说更是我们应该遵守的，因为我国的法律明确地将泄漏考试的试题、答案情节严重的行为认定为犯罪。

其次，从销售答案以期获利的人来说，他们的行为无疑是为法律所禁止的，因为，他们追求利润的方式是以严重侵害他人以及社会的权益为代价的。法律的存在就是为了保护人民和社会的合法权益。所以，我们在做任何事情之前都应当先从社会和他人的利益出发，在不损害他人和社会利益的前提下去追求自己的合法利益。

最后，从购买答案企图通过考试的学生来说，其行为无论是否构成犯罪，对自身发展都没有益处。我们应该看到的是，作为国家未来的栋梁，我们应该扎实地一步一步地学习，不能利用这些所谓的捷径，因为这些行为在未来终究要自食恶果。以欺骗方式获得不属于自己的东西，当未来真正需要真才实学时，后悔就为时晚矣。

千里之行始于足下，在现在这样纷繁的世界里，我们更应该尊重法律，坚决不做法律禁止的事情，同时也要真正地充实自己，为未来打下坚实的基础。同样地，对那些肆无忌惮存在的卖答案的不法分子，国家和社会也应该行动起来，让他们失去生存的空间。

成人高考考区群体性舞弊案

群体性舞弊是近年来日益增多的一种严重舞弊形式，它往往利用高科技手段来组织实施。群体性舞弊的发生，在一定程度上反映出个别考区组织工作的疏漏，有的考区甚至还发生过考试工作人员协助群体性舞弊的事件。我们选取的是一起发生在成人高考中的群体性舞弊案例。

案例

2003 年全国成人高校招生考试期间，黑龙江省牡丹江林管局考区黑龙江林业职业技术学院南校区（原牡丹江林业师范学校）、北校区（原牡丹江林业学校）两考点外发生利用通讯工具向考场内传递与考试有关的信息的严重作弊事件。在考试期间，该考点监考人员收缴手机、BP 机 30 多部，处理违纪考生 26 人，其中利用通讯工具作弊的考生 6 人，替考考生 18 人。该考点还发生了 3 名考生殴打监考教师的严重事件。

事发后，教育部派出专门调查组迅速赴现场进行调查核实，黑龙江省各有关部门也成立了联合调查组赴现场进行调查核实。案件情况得到迅速核实，并确定了有关涉案单位和个人。黑龙江省纠风办、省教育厅、省森工总局出台了相关处理措施：① 取消牡丹江林管局成人高考、自学考试考区资格；② 对该考区主考王某及其他责任人分别给予行政警告处分并作书面检查，在黑龙江省全省进行通报批评；③ 给予利用手机为考生传递考试信息的牡丹江体校教师谢某行政记大过处分，并清除出教师队伍；④ 取消考试期间利用手机作弊并带人殴打监考教师的考生王某的本次考试资格，全部考试成绩作废，从 2004 年起 3 年内不准参加各类全国教育统一考试；⑤ 取消参与殴打监考教师的考生孙某、黄某的本次考试资格，全部考试成绩作废，从 2004 年起 2 年内不准参加各类全国教育统一考试；⑥ 取消考试期间利用手机接收考试答案的考生张某等 5 人的本次考试资格，全部考试成绩作废，从 2004 年起 2 年内不准参加各类全国教育统一考试；⑦ 取消由他人代替参加考试的考生丛某等 18 人的本次考试资格，全部考试成绩作废，从 2004 年起 2 年内不准参加各类全国教育统一考试。

法律问题

（1）什么是群体性舞弊？

（2）群体性舞弊应当承担什么样的法律责任？

（3）什么是高科技舞弊？高科技舞弊应当承担哪些法律责任？

法条索引

规章《国家教育考试违规处理办法》（教育部令第 33 号）第五、六、七、八、九、十、十二、十五条。

法理分析

（一）群体性舞弊的概念及法律责任

所谓群体性舞弊，是指由多人参与，通过各种违纪舞弊手段，在考试中进行的扰乱、破坏或威胁考试公平公正，以获得预期考试成绩的违规行为。群体性舞弊包含有机个体、共同目标、舞弊模式等几个构成要素。

1. 有机个体

有机个体指组成舞弊群体的每一个人，包括考场内外所有参与群体舞弊的个人，如舞弊组织者、“枪手”、考生、家长，甚至考试工作人员等。

2. 共同目标

考试舞弊者对预期的考试成绩有较高的期望，这种期望如果转化为现实，将会给舞弊者带来一定的经济或社会利益，这种个人利益使得不同的舞弊者走到一起并彼此合作，相互影响，相互作用，使群体性舞弊远远大于单个舞弊的后果。

3. 舞弊模式

群体性舞弊与单个个体舞弊行为的主要不同之处是，群体性舞弊多是有计划、有组织的多人参与的舞弊，即舞弊群体成员之间存在分工协作、相互配合的关系。这些人采用合作模式，按照事先预定的计划，通过各种舞弊手段，达到舞弊的目的。

从舞弊形式看，群体性舞弊的组织性越来越强，往往会出现考试工作人员与考生或家长合伙作弊、作弊团伙协同作弊，更有甚者，社会上一些不法分子公然成立“助考公司”“中介机构”等，组织群体性舞弊。从手段看，群体性舞弊手段技术化越来越高，往往使用高科技手段实施舞弊，查处难度越来越大。

（二）群体性舞弊的法律责任

国家现行法律未将群体性舞弊作为一个单独的舞弊种类加以规范，而是针对群体性舞弊的具体手段设定法律责任，同时，在行政法律责任中，将群体性舞弊作为加重处理的法定情节。具体如下：

1. 刑事责任

群体性舞弊中，如果考试工作人员利用职权徇私舞弊，收受贿赂，或者玩忽职守，将会分别构成招收学生徇私舞弊罪、滥用职权罪、受贿罪、玩忽职守罪；如果传递答题及答案，则又可能构成非法获取国家秘密、故意泄露国家秘密罪；如果使用高科技作弊器材，会构成非法生产、销售间谍专用器材罪与非法使用窃听、窃照专用器材罪；如果伪造证件替考，又会构成伪造、变造、买卖国家机关证件、印章罪与伪造、变造居民身份证罪。

2. 行政法律责任

(1) 考生的行政法律责任。对于以非法获取优秀考试成绩为最终目的的考生而言，在群体性舞弊中必然会实施《国家教育考试违规处理办法》规定的考试作弊行为。根据该办法第九条规定，考生有考试作弊行为的，其所报名参加考试的各阶段、各科成绩无效；参加高等教育自学考试的，当次考试各科成绩无效。组织团伙作弊，向考场外发送、传递试题信息，使用相关设备接收信息实施作弊或者伪造、变造身份证、准考证及其他证明材料，由他人代替或者代替考生参加考试的，可以视情节轻重，同时给予暂停参加该项考试1至3年的处理；情节特别严重的，可以同时给予暂停参加各种国家教育考试1至3年的处理。此外，根据该办法第十二条规定，如果考生是在校学生，有代替考生或者由他人代替参加考试、组织团伙作弊、为作弊组织者提供试题信息、答案及相应设备等参与团伙作弊行为之一的，还将由所在学校严肃处理，直至开除学籍。

(2) 考试工作人员的行政责任。考试工作人员在群体性舞弊中往往表现为徇私舞弊、滥用职权，帮助实施考试作弊，根据《国家教育考试违规处理办法》第十二条、十三条、十四条、十七条的规定，将会受到停止参加国家教育考试工作、调离考试工作岗位等处理，所在单位还要视情节轻重给予处分，直至解聘。

(3)考点或考区责任。《国家教育考试违规处理办法》第十五条规定：因教育考试机构管理混乱、考试工作人员玩忽职守，造成考点或者考场纪律混乱，作弊现象严重，或者同一考点同一时间的考试有1/5以上考场存在雷同卷的，由教育行政部门取消该考点当年及下一年度承办国家教育考试的资格；高等教育自学考试考区内一个或者一个以上专业考试纪律混乱，作弊现象严重的，由高等教育自学考试管理机构给予该考区警告或者停考该考区相应专业1至3年的处理。对出现大规模作弊情况的考场、考点的相关责任人、负责人及所属考区的负责人，有关部门应当分别给予相应的行政处分；情节严重，构成犯罪的，由司法机关依法追究刑事责任。该规定列举的违法情形往往就是群体性舞弊行为的表现，因此，对群体性舞弊可以依据本规定对考区(考点)及其相关责任人员实行双罚制，即既处理考区、考点，又处理其主要负责人及相关责任人员。

(三) 高科技舞弊的概念

高科技舞弊是指利用先进的科技技术，企图以使他人难以发现的隐蔽方式达到传送试题、答案等目的，常见的方式如手机、电子辞典、对讲机、针孔摄像机等，更有作弊鞋、钱包等层出不穷的新形式。其主要原理仍旧是利用现代通信技术加之具有欺骗性的通信设备外观以达到逃过检测、实现通信的最终目的。其主要构成要件如下：

1. 高科技舞弊行为的主体

高科技舞弊行为的主体分为场内舞弊者和场外协助舞弊者。场内舞弊者是指考场内随身携带有能够进行舞弊的通讯工具并有客观事实证明其有舞弊行为发生的人;场外协助舞弊者是指在考场外利用各种通讯仪器向场内舞弊者提供考试信息的人。

2. 高科技舞弊行为的客体

高科技舞弊行为的客体是侵害他人公平考试的权利。

3. 高科技舞弊行为的主观要件

高科技舞弊行为的主观要件行为人具有故意侵害他人公平考试权利,进行舞弊行为的目的。舞弊行为的主观要件并不是停留在大脑中纯抽象的主观思维活动,它会通过行为人的一系列外在的客观活动表现出来,即舞弊行为的主观要件要由具体的客观的舞弊事实来显现和外化。

4. 高科技舞弊行为的客观表现

(1) 作为常规使用的通讯设备,手机作为舞弊工具的例子最为典型。它作为一种大众通讯工具,可能出现在任何时间、任何场合,包括考生有意或无意地带入考场中。但是不是所有携带手机的考生都有舞弊的动机,都将实施舞弊行为呢?这个当然不能一概而论,必须在充分的客观事实下才能认定为舞弊行为,也就是说只有在考生携带手机,并证实接收到一些与考试相关的信息的情况下,才能认定为利用手机进行舞弊。以下几种情况不满足手机作为通讯设备舞弊:① 携带的手机处于关机状态;② 携带手机并处于开机状态,但是始终没有接触它;③ 考场内被屏蔽,手机没有任何信号;④ 考生接触手机,并接收到信息,但事实证明并不是与考试有关的内容。以上几种情况仅仅是违反考试相关规定的违纪行为,因此从客观要件上分析这些情况并不构成利用通讯设备舞弊的行为。

(2) 作为非常规使用的通讯设备,例如针孔摄像头、无线耳机、无线电接收器等,这些通讯仪器具有很强的针对性和指向性,即使是没有发现与考试有关的信息,但是作为这些仪器本身就能成为有力的事实证据,因为这能确凿地证明携带者有很强的故意作弊的心理动机。毫无疑问,一旦在考试者身上发现这些非常规通讯设备,就可以作为客观的依据,认定其考试舞弊。

根据《国家教育考试违规处理办法》的规定,高科技作弊的法律责任与群体性舞弊的法律责任基本相同。考生利用高科技作弊的,其所报名参加考试的各阶段、各科成绩无效;参加高等教育自学考试的,当次考试各科成绩无效。同时可以给予暂停参加该项考试 1 至 3 年的处理;情节特别严重的,可以同时给予暂停参加各种国家教育考试1至3年的处理；参加高等教育自学考试的考生，也可以给予延迟毕业时间1至3年的处理，延迟期间考试成绩无效。对于利用通讯设备帮助考生作弊的考试工作人员，根据《国家教育考试违规处理办法》第十二条、十三条、十四条、十七条的规定，将会受到停止参加国家教育考试工作、调离考试工作岗位等处理，所在单位还要视情节轻重给予处分，直至解聘。此外，无论是考生还是其他人员，利用高科技手段进行作弊，都可能构成非法生产、销售间谍专用器材罪与非法使用窃听、窃照专用器材罪；如果涉及传递考题及答案，会构成非法获取国家秘密、故意泄露国家秘密罪；如果伪造证件替考，又会构成伪造、变造、买卖国家机关证件、印章罪与伪造、变造居民身份证罪。

（四）案件评述

从案情看，本案是一起高科技团体作弊案件，社会影响恶劣，理应受到严惩。但从法律依据看，在本案发生的时候，《国家教育考试违规处理办法》（教育部令第18号）尚未出台，只能适用《中华人民共和国教育法》第七十九条的规定：在国家教育考试中作弊的，由教育行政部门宣布考试无效，对直接负责的主管人员和其他直接责任人员，依法给予行政处分。因此，除了宣布考试无效，对考试作弊者给予更重的处理，于法无据。本案中，主管部门最终作出的处理决定，大大超出了法律规定，虽然大快人心，社会公众似乎也给予了理解与支持，但从法律角度分析，这是一起典型的超越权限、违法处理的案件。考虑到在该案发生不久，教育部出台了相关规定，我们姑且用现行的《国家教育考试违规处理办法》（教育部令第33号）来分析本案中有关处理的是非对错，以便为今后类似案件的处理提供借鉴。

(1) 关于对牡丹江林管局考区及其责任人的处理，基本符合规定。《国家教育考试违规处理办法》第十五条规定：因教育考试机构管理混乱、考试工作人员玩忽职守，造成考点或者考场纪律混乱，作弊现象严重，或者同一考点同一时间的考试有五分之一（含五分之一）以上考场存在雷同卷的，由教育行政部门取消该考点当年及下一年度承办国家教育考试的资格；高等教育自学考试考区内一个或者一个以上专业考试纪律混乱，作弊现象严重的，由高等教育自学考试管理机构给予该考区警告或者停考该考区相应专业一至三年的处理。对出现大规模作弊情况的考场、考点的相关责任人、负责人及所属考区的负责人，有关部门应当分别给予相应的行政处分；情节严重，构成犯罪的，由司法机关依法追究刑事责任。对照该规定，主管部门的处理虽然在措辞上有所不同，但从本质上看，还是符合规定精神的。

（2）对教师谢某的处理，虽然总体符合规定，但用语不规范。根据《国家教育考试违规处理办法》第十二条：在校学生、在职教师有下列情形之一的，教育考试机构应当通报其所在学校，由学校根据有关规定严肃处理，直至开除学籍或者予以解聘：① 代替考生或者由他人代替参加考试的；② 组织团伙作弊的；③ 为作弊组织者提供试题信息、答案及相应设备等参与团伙作弊行为的。据此，主管部门作出行政记大过处分，这是没有问题的，但是将该教师"清除出教师队伍"，用语就不够规范了。"清除出教师队伍"，带有太强的政治色彩，不属于法定的处理种类。从本案情况看，主管部门应当适用相关规定，对该教师予以解聘。

（3）对作弊学生的处理，基本符合规定。根据《国家教育考试违规处理办法》的规定，考生有作弊行为的，其所报名参加考试的各阶段、各科成绩无效；属团伙作弊、高科技作弊以及替考的，可以视情节轻重，同时给予暂停参加该项考试 1 至 3 年的处理；情节特别严重的，可以同时给予暂停参加各种国家教育考试 1 至 3 年的处理；扰乱考试秩序的，应当终止其继续参加本科目考试，其当次报名参加考试的各科成绩无效；考生及其他人员的行为违反《中华人民共和国治安管理处罚法》的，由公安机关进行处理；构成犯罪的，由司法机关依法追究刑事责任。因此，对作弊考生，根据情节轻重，分别给予取消考试成绩以及一定年限的停考处理，是符合规定的。

本案对于考试组织者而言，具有重要的教育意义。毋庸置疑，一个考区发生如此大规模的群体作弊事件，考区的领导及工作人员对此负有不容推卸的责任。凡事预则立，不预则废。从案情看，该考区秩序混乱，局面失控，连最基本的考场秩序都维护不了，竟然发生了多起考生殴打监考教师的事件，这足以说明准备工作的不足和考试组织工作的失败。此外，对于主管部门而言，如何践行依法治国方略，依法规范处理考试违法行为，也是一个值得深思的课题。尽管考试舞弊行为可耻、可恨，但我们也不能以情代法，以言代法，只图大快人心，按照传统的"严打"思维，超越法律作出更为严厉的处理，我们还是应当严格在法律许可的范围内作出处理，这才符合法治的基本原则。

发送高考试题答案侵犯国家秘密案

近年来，高科技作弊日益增多。高科技作弊一般包括两类行为，一是将试题传出考场，另一是将答案传入考场。在国家教育考试结束前，考试试题与答案都属国家秘密。因此，无论是传出试题还是传入答案，都侵犯了国家秘密。我们选取的是全国统一高考中利用高科技装备发送高考答案的案例。

案例

被告人周某，男，1986 年 6 月 17 日出生，汉族，大专文化，私企工人。其在 2009 年高考期间应前老师李某之请通过网上 QQ 接收高考试题答案，并用李某提供的发射器装置为在某考场参加高考的弟弟发送高考试题答案。2009 年 6 月 8 日 11 时，被告人周某在收发答案过程中被公安机关当场抓获。

县人民检察院起诉指控被告人周某犯故意泄露国家秘密罪，于 2009 年 9 月 10 日向法院提起公诉。而法院经过审理认为，被告人周某应李某之请，帮助收取李某以收买的方法取得的国家秘密，其与李某已构成共同犯罪，其行为侵犯了国家保密制度，已构成非法获取国家秘密罪。公诉机关的指控事实清楚，证据充分，但指控罪名不当，本院予以纠正。被告人周某犯罪后自愿认罪，并有悔罪表示，综合考虑被告人周某的犯罪性质、情节、悔罪表现和社会危害程度，对其判处缓刑不致再危害社会，依法可适用缓刑。依照《中华人民共和国刑法》第二百八十二条第一款、第二十五条第一款、第七十二条第一款、第七十三条第二和第三款，最高人民法院、最高人民检察院、司法部《关于适用普通程序审理"被告人认罪案件"的若干意见（试行）》第九条之规定，判决被告人周某犯非法获取国家秘密罪，判处有期徒刑两年，缓刑两年。

法律问题

（1）什么是非法获取国家秘密罪？本罪的犯罪构成是什么？

（2）本罪与相关犯罪的区别是什么？

（3）试题答案是否属于国家秘密？

（4）本案被告人究竟构成什么罪？

法条索引

（1）法律《中华人民共和国刑法》第二十三条、第六十四条、第六十九条、第七十二条、第七十六条、第七十七条、第二百八十二条第一款、第二百八十七条。

（2）法律《中华人民共和国保守国家秘密法》第二条、第八条、第三十一条。

法理分析

（一）非法获取国家秘密罪的概念和构成要件

1. 非法获取国家秘密罪的概念

非法获取国家秘密罪是指以窃取、刺探、收买的方法非法获取国家秘密的行为。

2. 非法获取国家秘密罪的犯罪构成

（1）犯罪客体。

本罪侵犯的客体是国家保密制度。一个国家为了维护自身的安全和发展以及全体国民的利益，通常要规定严格而周密的保密制度，我国一系列保密法律、法规均明确规定了保密的范围、事项，非法获取国家秘密行为违反我国的保密法规，应依法追究其刑事责任。

本罪的犯罪对象是国家秘密。而1988年9月5日全国人大常委会通过的《中华人民共和国保守国家秘密法》第二条规定，国家秘密是关系国家的安全和利益，依照法定程序确定，在一定时间内只限一定范围的人员知悉的事项。同时，该法的第八条对国家秘密的范围也作了具体规定，主要包括：① 国家事务的重大决策中的秘密事项；② 国防建设和武装力量活动中的秘密事项；③ 外交和外事活动中的秘密事项以及对外承担保密义务的事项；④ 国民经济和社会发展中的秘密事项；⑤ 科学技术中的秘密事项；⑥ 维护国家安全活动和追查刑事犯罪中的秘密事项；⑦ 其他经国家保密工作部门确定应当保守的国家秘密事项。

（2）犯罪客观方面。

本罪在客观方面表现为行为人实施了非法获取国家秘密的行为，即实施了窃取、刺探、收买国家秘密的行为。

所谓窃取，是指采取秘密的方式，偷取属于国家秘密的文件、资料和其他物品的行为。窃取的形式包括：直接窃取国家秘密文件，用计算机窃取国家秘密，通过电磁波窃取国家秘密，采用照相的形式偷拍国家秘密。

所谓刺探，是指行为人暗中对掌有国家秘密的人，采取各种手段探听、侦察、了解国家秘密的行为。探听的方式主要包括：利用与知密者的特殊身份关系向知密者探询国家秘密；利用社交手段打通关系，向知密者探问国家秘密；利用公开合法形式，例如贸易洽谈会、学术交流会等探听国家秘密。侦察的方式主要包括：使用窃听装置侦察国家秘密，使用电子监控及远红外线扫描等高科技手段侦察国家秘密，采用色情引诱、向有关部门渗透等形式侦察国家秘密。

所谓收买，是指用金钱、物质、色情以及其他方法，向掌有国家秘密的人交换国家秘密的行为。收买的形式有采用小恩小惠、低价收买的，也有采用重金收买、高价拉拢的。

所谓非法获取，是指依法不应知悉、取得某项国家秘密的人从知悉、取得某项国家秘密的人那里知悉、取得该项国家秘密或者可以知悉某项国家秘密的人未经办理手续取得该项国家秘密。

只要以窃取、刺探、收买这三种方法之一非法获取国家秘密的，本罪就可成立。

（3）犯罪主体。

本罪的主体是一般主体，可以是中国人，也可以是外国人或者无国籍人；

可以是国家工作人员，也可以是普通公民，或者是华侨以及港、澳、台人员。

(4) 犯罪主观方面。

本罪在主观方面表现为故意，通常是直接故意，即行为人明知是国家秘密，却故意以窃取、刺探、收买方法非法获取。非法获取国家秘密的主观动机可以是多种多样的，可能是为了金钱，也可能是出于对国家政府某领导人的不满，或者是为了出国。但动机不影响构成此罪。

（二）非法获取国家秘密罪与相关罪名的区别

1. 本罪与非法持有国家绝密、机密文件、资料、物品罪的区别

此两罪的犯罪客体都是侵犯国家秘密制度，犯罪主体都是一般主体，犯罪的主观方面都是故意。但两罪的区别在于：① 犯罪对象不同，本罪的对象是一切属于国家秘密的信息，而非法持有国家绝密、机密文件、资料、物品罪的对象则是国家绝密、机密文件、资料、物品。② 行为人的行为表现形式不同，本罪的行为形式是窃取、刺探、收买国家秘密，而后者则是非法持有国家绝密、机密文件、资料、物品，且拒不说明来源与用途。

2. 本罪与为境外窃取、刺探、收买、非法提供国家秘密、情报罪的区别

为境外窃取、刺探、收买、非法提供国家秘密、情报罪是指为境外的机构、组织、人员窃取、刺探、收买、非法提供国家秘密或者情报的行为。两罪的相同之处在于二者的行为人都实施了窃取、刺探、收买国家秘密的行为，二者的主体都是一般主体。但两罪有着明显的区别：① 两罪侵犯的客体不同，本罪的客体是国家对国家秘密的管理制度，而为境外窃取、刺探、收买、非法提供国家秘密、情报罪所侵犯的客体则是国家安全。② 两罪的犯罪对象不同，本罪的犯罪对象是国家秘密，而为境外窃取、刺探、收买、非法提供国家秘密、情报罪的犯罪对象不仅包括国家秘密，还包括不属于国家秘密的情报。这里的情报，是指国家秘密以外的，一切有关国家的政治、经济、军事、外交和科技等不应该让境外的机构、组织、人员知悉的资料、情况和消息。③ 两罪的主观内容不同，本罪并不要求行为人具有特定犯罪目的，而为境外窃取、刺探、收买、非法提供国家秘密、情报罪的成立一般要求行为人主观上具有危害国家安全的目的。如果行为人非法获取国家秘密以后，又将之非法提供给境外的机构、组织或者个人，则同时构成非法获取国家秘密罪和为境外非法提供国家秘密罪，实行数罪并罚。

3. 本罪与泄露国家秘密罪的区别

本罪与泄露国家秘密罪的犯罪对象都是国家秘密，客观上都违反了保密法规。但是二者的社会危害性不同，它们的区别表现在以下几个方面：① 在主体要件方面，泄露国家秘密罪是职务犯罪，其主体主要是国家机关工作人员；本罪的主体则是一般主体。② 客观要件不同，泄露国家秘密罪表现为泄露，而非法获取国家秘密罪表现为获取。③ 在主观方面，泄露国家秘密罪可以是故意的，也可以是过失的，而非法获取国家秘密罪必须是故意。④ 在侵犯的法益方面不同，泄露国家秘密罪是侵犯国家作用的犯罪，是属于渎职类犯罪，而本罪则是妨害社会管理秩序的犯罪。

（三）试题答案是否属于国家秘密

根据 2001 年 7 月 11 日教育部、国家保密局文件（教密字 20012 号）第三条第一项的规定：国家教育全国统一考试在启用之前的试题（包括副题）、参考答案和评分标准为绝密级事项。可见，国家法律已经明确将试题答案认定为国家秘密。但是，对于这个问题是存在争议的，也就是，在考试之前，这些试卷、答案等属于国家秘密毋庸置疑，但是，在考试中这些是否还属于国家秘密呢？从该规定中可知，对于试题、参考答案和评分标准何时是国家秘密的界定涉及"启用"一词。该词的含义对于考试期间试题是否是国家秘密的界定至关重要。对此，2005 年 4 月 6 日教育部在《关于对〈教育工作中国家秘密及其密级具体范围的规定〉中"启用之前"一词解释的通知》（教密函[2005]1 号）中明确界定，"启用"一词包括"启封"和启封后"使用完毕"两层涵义。由此，有论者认为"启用之前"意即"启封并使用完毕之前"，按此规定，凡以各种方式泄露或者获取国家教育考试从命题到考试结束之前的试题、答案的行为，都属于侵害国家秘密的违法行为。

（四）本案被告人的罪名认定

本案被告人周某的行为从表面上看来更符合故意泄露国家秘密罪，因为他一直是通过电脑把答案传送给考场里面的人的，检察机关指控的罪名也是故意泄露国家秘密罪。其实从主体上来说，故意泄露国家秘密罪和非法获取国家秘密罪的主体都可以是非国家机关工作人员，但最终法院之所以未以故意泄露国家秘密罪论处，原因就在于他从老师李某处获得答案之后的泄露国家秘密行为是非法获取国家秘密的结果行为。他作为一名私企工人，本身属于不应当知悉国家秘密的人，但是他利用李某提供的电脑接收答案非法获取了国家秘密，而他获取秘密之后的结果行为——泄露答案给考生的行为又触犯了故意泄露国家秘密罪，其行为符合牵连犯的特征，应择一重罪处罚。而比较两罪，非法获取国家秘密罪的成罪标准要低于故意泄露国家秘密罪，对情节严重的处罚又重于故意泄露国家秘密罪，因此认为该罪的处罚比故意泄露国家秘密罪更重。所以，以非法获取国家秘密罪对其定罪是合适的。

（五）案件评述

本案中周某在明知是高考答案的情况下仍旧应其前老师之约，为考生发送高考答案，其行为侵害了国家保密制度，违反了法律的禁止性规定，是应当受到刑法的处罚的。在主体上，周某生于 1986 年，到 2009 年犯罪时已经是年满 16 周岁的具有刑事责任能力的自然人，而且他是私企的工人也符合本罪一般主体的要求。在主观上，周某应老师之邀为其弟弟发送高考答案，可见他对于自己的行为是十分清楚的，即使周某不知道发送高考答案是犯罪行为，但是根据理性第三人的认识，周某一定知道接收并给考生发送高考答案是为社会和法律所不允许的行为，但是他仍然实施了，可见他在主观上是直接故意的。而在犯罪客体上，本罪的客体是国家的保密制度，犯罪的对象是国家秘密。根据 2001 年 7 月 11 日教育部、国家保密局文件（教密字 20012 号）第三条第一项：国家教育全国统一考试在启用之前的试题（包括副题）、参考答案和评分标准为绝密级事项，可见周某的行为侵犯了国家的保密制度，他通过 QQ 收取高考答案又转发给考场的考生，其行为是对作为国家绝密的高考试题和答案的侵害，符合本罪的客体要求。在犯罪的客观方面，周某虽然不是自己去购买高考答案和相关设备，但是在周某同意李某的要求为其弟弟发送答案之时，他和李某在获取国家秘密并且发给考生这一点上已经达成了共识，则具有共同的故意，而之后周某也利用电脑收取了答案并成功发送了三场考试的答案，他的行为为李某的犯罪顺利实施提供了帮助，可见两人构成共同犯罪，他是以收取李某收买的高考答案的行为侵犯了国家秘密。所以周某的行为完全符合非法获取国家秘密罪的犯罪构成。法院综合考虑各方面的因素，认为对周某判处缓刑不致再危害社会，依法判处有期徒刑 2 年，缓刑 2 年。

本案又是一起“好心”办错事的典型案件。它再次告诉我们，助人为乐有底限，这个底限就是法律，我们不能以违法犯罪为代价，毫无原则地帮助他人，否则就将受到法律的制裁。同时，本案也提醒大家，国家教育考试中的试题、答案等材料，在考试结束之前都属于国家秘密，它关系到社会公众的重大权益，任何公民都不得以任何方式、任何理由、任何借口加以侵犯。

收买高考答案、销售作弊器材非法获取国家秘密案

随着高科技作弊的“兴起”，销售高科技作弊设备成为一些不法分子谋取利益的手段。为了提高售价，扩大销量，谋取更大利益，个别不法分子提供了作弊一条龙服务：通过不正当途径获取考试答案并通过作弊设备向购买者发送答案。我们选取的是全国统一高考中销售作弊器材并购买、发送答案的案例。

案例

许某为河南省周口市人，为了迅速获利，他几经思索，最终把目光投向了高考，企图通过卖高考答案的方式获取暴利。于是其在 2009 年 3、4 月份，通过网络购买了高科技作弊设备(包括作弊笔及发射器)，拟利用互联网购买高考答案和利用 PS 智能发射、接收装置传送高考答案，并以每个作弊笔 5000 元价格出售给周口各地考生共 11 名，获利 54000 元。而在考试的第一天，即 2009 年 6 月 7 日，许某在周口市大庆路商会宾馆安装有发射器的 808 房间被周口市公安局沙北分局抓获，并刑事拘留，同年 7 月 2 日因涉嫌非法获取国家秘密被逮捕，羁押于周口市看守所。

在侦查阶段，多项证据均证明了许某的犯罪事实。首先，经鉴定发现，被告人许某使用的电脑中有关于作弊笔和相关程序以及该作弊笔的使用说明软件 2009 款、发射软件、信息存控呼叫系统软件，信息存控文本内有 2009 年

6月5日18:32:5开始至6月5日19:1:55的该软件测试成功使用记录。其次，周口市川汇区国家保密局出具证明一份，证明根据2001年7月11日教育部、国家保密局文件(教密字20012号)第三条第一项之规定，国家教育全国统一考试在启用之前的试题(包括副题)、参考答案和评分标准为绝密级事项，而许某获取的高考答案正属于此绝密事项。另外还有证人王某、周某、魏某的证人证言、发射器、RS笔式智能呼叫系统、无线RS笔式无线接收器等物证、扣押物品清单、银行卡两个、川汇区保密局证明、视听资料、被告人通话光碟一张等证据对其行为予以坐实。

后此案经审查起诉至法院后，被告人并无异议。法院审理认为，被告人许某以收买的方法从计算机中非法获取国家秘密，其行为已构成非法获取国家秘密罪，且被告人非法获取的国家秘密属绝密级事项，情节严重，而被告人当庭认罪态度较好，未造成严重后果，且由于被告人意志以外的原因未得逞，属犯罪未遂，依法可减轻处罚。为此，依照《中华人民共和国刑法》第二百八十二条第一款、第二十三条、第六十四条之规定，判处被告人许某非法获取国家秘密罪，有期徒刑二年，并对非法所得54000元人民币予以追缴。

法律问题

(1) 本案被告人构成什么罪?

(2) 本案作弊考生应当承担什么法律责任?

(3) 什么是犯罪未遂? 如何认定犯罪未遂?

法条索引

(1) 法律《中华人民共和国刑法》(1997年10月1日施行)第二十三条、第六十四条、第二百八十二条第一款、第二百八十七条。

(2) 法律《中华人民共和国保守国家秘密法》第二、八、三十一条。

法理分析

（一）本案被告人的罪名认定

从本案的被告人许某来说，要认定他构成什么犯罪，可以先从侵犯的法益开始分析。本案中许某利用高科技和互联网发送答案的行为侵犯了社会正常的管理秩序，给其他考生造成了不公平的影响，扰乱了正常的考试环境和考试秩序，所以，其行为应当从妨害社会管理秩序的犯罪中寻找。其次，许某的行为是对高考试题这一国家明文规定属于国家秘密的材料的侵犯，而且，许某作为一名普通人，本身是不应当知悉这些国家秘密的人员，但他为了获利，以购买的方式获取了本不应该被其知晓的国家秘密。可见，其主观上是故意，客观方面实施了购买的行为，侵犯了国家秘密这一客体，并且造成了社会危害性，所以综合来说符合非法获取国家秘密罪的犯罪构成。所以，本案的被告人构成非法获取国家秘密罪。此外，由于被告人使用、销售的作弊设备属于间谍专用器材，因此他还构成非法销售间谍专用器材罪。他实施的非法获取国家秘密和非法销售间谍专用器材两个行为之间，没有直接的牵连关系，因此，本案应当数罪并罚。

（二）作弊考生应承担的法律责任

1. 本案考生不承担刑事责任

在类似的案件中，考生使用高科技设备作弊，可能会涉及三个罪名：非法获取国家秘密罪，主要指获取答案；泄露国家秘密罪，主要是指试题；非法使用窃听、窃照专用器材罪。但最终法院会以非法获取国家秘密罪论处，主要原因是：由于非法使用窃听、窃照专用器材行为与非法获取国家秘密行为、故意泄露国家秘密行为之间属想象竞合犯。无论是考生还是场外人员，其传出或者接收信息时，都是实施了一个行为，但这一个行为却触犯了两个不同的罪名，这符合刑法理论上的想象竞合犯的特征。鉴于非法使用窃听、窃照专用器材罪的法定刑较低，且造成严重后果时才构成犯罪，按照想象竞合犯从一重处的原则，一般对考生宜以非法使用窃听、窃照专用器材罪论处。至于非法获取国家秘密罪与故意泄露国家秘密罪，由于两个行为之间存在牵连关系，一般予以从一重处。鉴于非法获取国家秘密罪法定刑高于故意泄露国家秘密罪，因此，一般都以非法获取国家秘密罪追究行为人的刑事责任。但从本案情况看，考生只是购买了作弊器材，带进了考场，还没有来得及使用，尚未造成严重后果，因此不构成犯罪。

2. 行政责任

本案发生时，《国家教育考试违规处理办法》（教育部令第 18 号）尚未修改。因此，本案考生的行政责任应当主要依据该办法确定。本案相关作弊考生的行为属于该办法第六条第四项规定的“在考试过程中使用通讯设备的”，依据办法第九条的规定，作弊考生当次考试的各科成绩无效。

需要说明的是，如果按照 2012 年修订的《国家教育考试违规处理办法》（教育部令第 33 号）处理，本案作弊考生将会受到更加严厉的处理。根据新办法第九条、第十二条的规定，作弊考生所报名参加考试的各阶段、各科成绩都将被宣布无效，同时，考生还会受到暂停参加该项考试乃至各种国家教育考试 1 至 3 年的处理；如果考生尚属在校生，还将受到学校的纪律处分。

（三）犯罪未遂的概念和认定

1. 犯罪未遂的概念

根据《中华人民共和国刑法》第二十三条的规定，已经着手实行犯罪，由于犯罪分子意志以外的原因而未得逞的，是犯罪未遂。

2. 犯罪未遂的认定

(1) 行为人已经着手实行犯罪。

这是指行为人开始实施刑法分则规定的作为某种具体犯罪构成要件的行为。

而对于实行行为的着手认定，则是指犯罪分子已经开始实施刑法分则所规定的某种犯罪构成要件的行为。主观上，行为人实行犯罪的意志已经通过客观的实行行为开始表现出来；客观上，行为人已经开始直接实施具体犯罪构成要件的行为。着手的主观和客观的统一，反映了着手行为的社会危害性程度，为认定着手实行犯罪提供了一般标准。

着手实行犯罪的共同特征：① 着手实行犯罪的行为已经同直接客体发生了接触，或者说已经逼近了直接客体，如拿刀对准被害人；② 着手实行犯罪的行为是可以直接造成犯罪的结果的行为，如举枪瞄准被害人；③ 着手实行犯罪的行为是刑法分则所规定的具体犯罪客体的行为。

(2) 犯罪没有得逞。

这是指犯罪的直接故意内容没有完全实现，没有完成某一犯罪的全部构成要件。这里要注意犯罪既遂的标志，我们一般会认为只有发生了结果才叫既遂，但是在刑法中会根据不同犯罪的社会危害性而对既遂的标准进行不同的划分，这主要包括以下几种类型：

① 结果犯。刑法分则明确规定以一定的物质性的犯罪结果作为其犯罪构成的客体要件的结果犯，应当以法定的犯罪结果是否发生作为犯罪是否得逞的标志。如故意杀人罪。

② 行为犯。刑法分则明确规定以完成一定的行为作为其犯罪构成要件的行为犯，以法定的犯罪行为是否完成作为犯罪是否得逞的标志。如强奸罪。

③ 危险犯。刑法分则明确规定以造成某种危害结果的危险状态作为其犯罪构成要件的客观要件的危险犯，以是否造成了某种危险状态作为犯罪是否得逞的标志。如破坏交通工具罪。

(3) 犯罪未得逞是由于行为人意志以外的原因。

行为人意志以外的原因，是指行为人没有预料到或不能控制的主客观原因。犯罪分子意志以外的原因应当具备质和量两个方面的特征：首先从质上说，只有那些违背犯罪分子本意的原因才能成为犯罪分子意志以外的原因；其次，从量上说，那些违背犯罪分子本意的原因必须达到足以阻碍犯罪分子继续实行犯罪的程度。因此，有些犯罪分子遇到一些轻微的阻碍因素，例如在抢劫罪中遇到熟人，在强奸罪中由于被害人请求等，犯罪分子就中止了犯罪，应该认为是自动中止。

犯罪分子意志以外原因的种类包括：① 犯罪分子自身方面的原因，如能力不足，主观认识错误；② 犯罪分子以外的原因，被害人的反抗，第三者的出现，自然力的破坏，物质阻碍，时间、地点的不利影响等。

综上所述，犯罪未遂的三个特征是：一个有机整体，已经着手实行犯罪是犯罪未遂的前提条件；犯罪未得逞是犯罪未遂的形态条件；犯罪未得逞是由于犯罪分子意志以外的原因，是犯罪未遂的主观条件。在这三个条件中，前两个侧重于揭示犯罪未遂的客观特征，第三个侧重于揭示犯罪未遂的主观特征，这三个条件以主观和客观的统一揭示犯罪未遂的本质。

（四）案件评述

本案中许某为了牟取暴利而售卖高考答案，罔顾国家和考生的利益，违反了法律的禁止性规定，给社会管理造成了严重的损害，应当受到刑法的处罚。尽管法院最终只认定许某犯有非法获取国家秘密罪，但从法理分析，他其实还犯有非法销售间谍专用器材罪，本应予以数罪并罚。由于许某尚未来得及接收国家秘密即被抓获,因此,他属于犯罪未遂。最终,法院以非法获取国家秘密罪(未遂)对其进行了判决,漏判了非法销售间谍专用器材罪。

近年来,高科技作弊现象日益猖獗。一些考生抱着侥幸心理购买作弊器材,试图投机取巧,蒙混过关。殊不知,这样做是对自己的严重不负责任,风险极大:不仅未学到有用的知识,而且还可能导致多年心血白费,甚至会遭受牢狱之灾。同时奉劝那些企图通过组织高科技作弊谋取暴利的不法分子:手莫伸,伸手必被捉。

在校大学生利用通讯设备作弊被开除学籍案

高科技舞弊是一种严重舞弊行为，它不仅严重影响了社会公平，而且侵害了国家秘密，社会危害很大，应当依法受到严惩。但是，不管作出何种处理，都必须依法进行。我们所选取的是在校生在研究生入学考试中利用通讯设备作弊，被所在高校开除学籍的案例。

案例

边某原系某学院2002级雕塑系学生。2007年1月20日，边某在参加全国硕士研究生入学考试政治理论科目考试时，携带电子通讯设备进入考场，并在考试中使用该设备接收与考试内容有关的信息。某学院于当日对其作出《硕士研究生入学考试违规处理决定书》，认定边某本次考试各科考试成绩无效。边某于当日及次日，分别向某学院递交了书面检查。2007年3月28日，某学院作出《拟开除边某学籍处分的通知书》，告知其享有申请听证的权利，并于同年3月30日送达边某。同年4月6日，边某向某学院提出听证申请。同年4月23日，某学院作出听证通知书，并于次日送达边某。2007年4月25日，某学院举行听证会。同年6月8日，某学院作出教字[2007]03301号《关于开除边某学籍处分的决定书》，并于当日送达边某。边某不服该处分决定，于2007年6月14日向某学院学生申诉处理委员会提出申诉申请。同年6月28日，某学院学生申诉处理委员会作出学申委[2007]2号《关于雕塑系学生边某申诉结果的通知书》,维持某学院对边某开除学籍的处分。边某不服,于2007年7月17日向市教委提出申诉申请,要求:① 撤销某学院学生申诉处理委员会《关于雕塑系学生边某申诉结果的通知书》;② 撤销某学院《关于开除边某学籍处分的决定书》。市教委于2007年8月26日作出教法申字[2007]第13号《学生申诉处理决定书》:① 维持某学院学生申诉处理委员会作出的《关于雕塑系学生边某申诉结果的通知书》;② 维持某学院作出的《关于开除边某学籍处分的决定书》。边某对此不服,向一审法院提起行政诉讼。

2007年12月17日,一审法院判决认为,边某作为受教育者,对学校给予的处分不服有权提出申诉,某市教委(以下简称市教委)作为本市教育行政管理部门,依法具有受理学生因学校给予处理决定不服提出申诉,并作出处理决定的法定职责。根据《中华人民共和国高等教育法》(以下简称《高等教育法》)第四十一条规定,某学院有权对边某作出纪律处分。据《国家教育考试违规处理办法》(以下简称《办法》)第六条,某学院有权对违反上述规定的学生处以开除学籍处分。市教委作为教育行政管理部门,受理边某申诉后,经过调查取证,根据边某自述的事实经过、某学院提交的相关证据材料等,对某学院认定边某在参加硕士研究生入学考试政治理论科目考试时,携带电子通讯设备进入考场,并在考试中使用该设备接收与考试内容有关的信息的事实予以确认,并依据《高等教育法》及《普通高等学校学生管理规定》,作出被诉的教法申字[2007]第13号《学生申诉处理决定书》事实清楚、证据确凿,适用法律正确,程序合法,现边某要求撤销被诉的《学生申诉处理决定》,缺少事实根据和法律依据,故法院不予支持。对于边某提出市教委及某学院没有证据证明边某的行为构成其认定的"携带电子通讯设备作弊",属定性不清;市教委及某学院适用《普通高等学校学生管理规定》错误;市教委及某学院作出的处理决定处分畸重,违反了《普通高等学校学生管理规定》第五十二条第二款的规定;边某提出某学院处分程序违法等主张,法院认为不能成立。据此,一审法院判决驳回边某的诉讼请求。

边某不服一审判决向中级人民法院提起上诉,认为:① 一审判决认定事实不清、证据不足。② 一审法院强调边某的举证责任,违反行政诉讼法的相关规定。③一审判决适用法律错误。综上,上诉人边某请求法院撤销一审判决,撤销教法申字[2007]第13号《学生申诉处理决定》。市教委及某学院均同意并请求维持一审判决。

中院经审查认为，根据《普通高等学校学生管理规定》第二条、第六十三条以及《高等教育法》第四十一条和《办法》第六条第（一）项、第（四）项的规定，法院最终判决驳回上诉，维持一审判决。

法律问题

（1）研究生入学考试作弊的法律责任有哪些？

（2）什么是学生申诉？其范围及程序有哪些规定？

（3）本案中，高校的处理决定是否合法？

法条索引

（1）法律《中华人民共和国教育法》第二十八、四十二、七十九条。

（2）法律《中华人民共和国高等教育法》第四十一条。

（3）规章《普通高等学校学生管理规定》（教育部令第 21 号）第五、十六、五十二、五十三、五十八、六十四条。

（4）规章《国家教育考试违规处理办法》（教育部令第 33 号）第二、四、五、六、九、十、二十一条。

法理分析

（一）研究生入学考试作弊的法律责任

研究生入学考试属于国家教育考试，因此，对研究生入学考试中的作弊者，要适用《国家教育考试违规处理办法》予以处理。其法律责任主要有：一是根据 2012 年修订的《国家教育考试违规处理办法》（教育部令第 33 号）第九条的规定，宣布其所报名参加考试的各阶段、各科成绩无效；二是根据《国家教育考试违规处理办法》第十条的规定，考生的行为违反《中华人民共和国治安管理处罚法》的，由公安机关予以治安处罚；三是构成犯罪的，由司法机关依法追究刑事责任。此外，根据《国家教育考试违规处理办法》第十二条规定，如果考生是在校生，且有代替考生或者由他人代替参加考试、组织团伙作弊或者为作弊组织者提供试题信息、答案及相应设备等参与团伙作弊行为的，由所在学校严肃处理，直至开除学籍。

（二）学生的申诉权

学生申诉权是指法律、法规赋予学生对学校或教育行政部门对其做出的处分、处理持有异议而提出申诉的一种权利。《中华人民共和国教育法》第四十二条第（四）项对受教育享有的权利有如下规定：对学校给予的处分不服向有关部门提出申诉，对学校、教师侵犯人身权、财产权等合法权益提出申诉或者依法提起诉讼。《普通高等学校学生管理规定》则对高校学生申诉进行了更完善的表述，第六十条规定：学校应当成立学生申诉处理委员会，受理学生对取消入学资格、退学处理或者违规、违纪处分的申诉。同时规定申诉程序如下：

(1) 校内申诉。

学生对处分决定有异议的，在接到学校处分决定书之日起 5 个工作日内，可以向学校学生申诉处理委员会提出书面申诉。学生在申诉期内未提出申诉的，学校不再受理其提出的申诉。学生申诉处理委员会对学生提出的申诉进行复查，并在接到书面申诉之日起 15 个工作日内，作出复查结论并告知申诉人。需要改变原处分决定的，由学生申诉处理委员会提交学校重新研究决定。

(2) 行政申诉。

学生对复查决定有异议的，在接到学校复查决定书之日起 15 个工作日内，可以向学校所在地省级教育行政部门提出书面申诉。学生在申诉期内未提出申诉的，省级教育行政部门不再受理其提出的申诉。省级教育行政部门在接到学生书面申诉之日起 30 个工作日内，应当对申诉人的问题给予处理并答复。

（三）高校处理决定值得商榷

(1) 关于开除学籍。

本案发生于 2007 年，因此对高校行为合法性的评判需要依据当时的相关法规，即教育部 2004 年发布的《国家教育考试违规处理办法》（教育部令第 18 号）。根据该办法第十二条的规定，代替他人或由他人代替参加国家教育考试，是在校生的，由所在学校严肃处理，直至开除学籍。本案中，边某系利用通讯设备作弊，不属该办法规定可予开除的情形，因此，学校不能据此开除边某。即便是适用修订后的《国家教育考试违规处理办法》，也不能对边某作出开除处分。此外，根据教育部2005年发布的《普通高等学校学生管理规定》（教育部令第21号）第五十四条第（四）项之规定，学生由他人代替考试、代替他人考试、组织作弊、利用通讯设备作弊及其他作弊行为严重的，高校可予开除。但是，由于该规定主要适用于校内管理，不宜延伸到校外。对于边某而言，尽管是在校内参加研究生入学考试，但其身份是国家教育考试的考生，而不是校内考试的考生，因此，对其处理不宜适用《普通高等学校学生管理规定》。综上，高校开除边某，于法无据。

（2）关于宣布考试成绩无效。

依据《国家教育考试违规处理办法》第四条规定，国务院教育行政部门及地方各级人民政府教育行政部门负责全国或者本地区国家教育考试组织工作的管理与监督。承办国家教育考试的各级教育考试机构负责有关考试的具体实施，依据本办法，负责对考试违纪行为的认定与处理。据此，宣布考试成绩无效的决定应当由承办国家教育考试的各级教育考试机构作出。研究生入学考试是国家统一组织、省级教育考试机构承办的国家教育考试，对考试作弊者宣布成绩无效应当由省教育考试机构作出。高校只是研究生入学考试的一个考点，不具有宣布考试无效的职权。

（四）案件评述

本案是在研究生入学考试中使用通讯设备作弊的案例。原告边某在2007年1月20日参加全国硕士研究生政治理论科目考试时，携带电子通讯设备进入考场，并在考试中使用该设备接收与考试内容有关的信息的行为，其作弊事实清楚，证据确凿，依法应当受到处理。本案中高校对原告的处理，不管是宣布考试成绩无效，还是开除学籍处分，都不符合规定。但值得肯定的是，高校无论是处分程序还是后来的申诉处理程序，都非常规范，值得其他高校学习。边某之所以败诉，一是因为选错了诉讼对象，他应当以学校为被告提起行政诉讼，而不应以申诉机关为被告。因为法院对申诉处理行为的审查，尤其是对作出维持决定的申诉处理行为，一般不予受理，即使受理也只能进行程序审查。本案中申诉机关的处理程序无误，法院不可能撤销申诉决定。二是因为法院适用依据错误。本案中，审查高校开除行为的合法性，实体上应当主要适用《国家教育考试违规处理办法》，程序上主要适用《普通高等学校学生管理规定》。而本案的审判机关在实体审查方面错误地适用了

《普通高等学校学生管理规定》。

诚信是一个民族道德建设的重要内容，对于维护社会公平、实现社会正义具有重要意义。考纪考风是社会诚信的一种重要组成部分，诚信考试既是对每一个考生的基本考试要求，也是一个学生必须具备的道德品质。研究生入学考试使学生获得继续深造的机会，是国家选拔优秀人才继续培养的重要途径，对于培养更加优秀、更加专业的人才具有重大意义。尽管本案中学校的处理偏重，但不管怎么说，原告都应当为其错误行为付出代价。通过此案，考生应当进一步树立法治意识，遵守考试规则，诚信应考、公平竞争，自觉维护正常的考试秩序。

不服雷同卷认定提起行政诉讼案

雷同卷是一种特殊的考试作弊。由于它是阅卷人员在阅卷过程中通过推理认定的作弊，而不是考试工作人员当场抓获的，因此，在实践中也经常会引发争议。根据现行法律规定，不服考试作弊处理，可以通过行政复议、行政诉讼等法律救济途径维护合法权益。我们选取的是全国硕士联考的考生不服雷同卷认定提起行政诉讼的案例。

案例

2003 年 8 月 28 日，郭某报名参加 2003 年硕士联考。在报名时，郭某填写了《2003 年在职攻读硕士学位报名登记表》并签名，书面声明“已认真阅读《在职攻读硕士研究生学位全国联考考生应试守则及其有关处罚规则》（以下简称《应试守则及处罚规则》），愿意遵守其中的各项规定和要求”。同年 11 月，郭某在华中科技大学参加了英语科目的考试。某大学教师在评阅过程中，发现考生郭某 2 号卷和考生苏某 3 号卷的第五题翻译雷同，阅卷人员将此情况填写在《试卷整理异常情况统计表》中。复核小组经过核对，于 2004 年 1 月 9 日做出雷同卷鉴定意见，认为：① 上述两份答卷在对原文理解方面的明显错误完全相同；② 上述两份答卷在文字表达方面仅有个别字略有不同，整道题的其余部分完全一致。之后，国务院学位委员会（以下简称学位委）向郭某发出《在职攻读硕士研究生学位全国联考违纪作弊处罚告知书》，指明郭某在英语科目的考试中有违纪行为，将依据国家的法律、法规、规章和管理规则给予宣布考试无效的处罚，并告知郭某享有陈述权、申辩权。同年12月31日，郭某向学位委提交了申辩书，认为自己在本次考试中没有违纪行为。2004年2月4日，学位委认定郭某在参加2003年硕士联考外语科目考试中，其试卷有违纪作弊行为。学位委认为郭某违反了国务院学位委员会办公室《非全日制攻读硕士学位全国统一考试管理规则》（以下简称《管理规则》）。因此，根据教育部《教育行政处罚暂行实施办法》（以下简称《实施办法》）第十四条的规定，对郭某作出第lkcf20030893号考试违纪处罚决定（以下简称处罚决定）。郭某不服，认为其在2003年硕士联考中，所有考试均由本人完成，在各场考试中均遵守了考场纪律，没有任何违纪作弊行为。从整个考试看，其对考试成绩十分自信，达到国家录取分数线没有任何问题。学位委对其作出的处罚决定明显缺乏事实依据，故向北京市第一中级人民法院提起行政诉讼。

北京市一中院受理后，依法组成合议庭，于2004年3月25日开庭审理了本案。法院认为，根据《中华人民共和国教育法》第七十九条第一款的规定，在国家教育考试中作弊的，由教育行政部门宣布考试成绩无效。《中华人民共和国学位条例》第七条规定，学位委负责领导全国学位授予工作，其有权对报考相应学位的人员进行考试，并判断考生是否符合相应的攻读标准。对于考生在考试中违反考试规则的，其有权进行查处。学位委为规范非全日制攻读硕士学位全国统一考试工作，下发了《管理规则》，该《管理规则》的处罚规则部分规定了“考生试卷在评卷中被专家小组认定为有违纪作弊行为的”，教育行政主管部门有权宣布其考试成绩无效。该规定与《中华人民共和国教育法》第七十九条的规定一致，可以适用于本案。因考生试卷的真实有效性是反映考生是否符合攻读硕士学位的基本标准，为此，学位委针对《管理规则》作出《在职攻读硕士学位全国联考阅卷工作有关规定》，对阅卷工作的原则、组织领导、阅卷程序及要求等进行了规范，应予适用。其中规定了雷同试卷属于异常情况的试卷，应有3人以上专家小组作出鉴定意见，并集体签名。本案中，某大学研究生院接受学位委的委托负责2003年硕士联考的阅卷工作，其指定该大学外国语学院对英语试卷进行鉴定并无不妥。郭某、苏某在同一考场参加了2003年硕士联考的英语考试，并且座次相连，二者的试卷又经专家鉴定为雷同试卷，学位委据此对郭某作出处罚决定事实依据充分，法院应予维持，郭某关于其不存在违纪作弊行为的理由不能成立，其诉讼请求不予支持。据此，法院判决：维持被告学位委于 2004 年 2 月 4 日作出的第 lkcf20030893 号考试违纪处罚决定。

法律问题

（1）什么是雷同卷？其法律后果是什么？

（2）何谓教育行政处罚？教育行政处罚的种类有哪些？

（3）对在国家教育考试中作弊的考生，现行法律法规设定了哪些行政处罚？宣布考试无效是否属于行政处罚？

法条索引

（1）法律《中华人民共和国教育法》第七十九条。

（2）法律《中华人民共和国学位条例》第七条。

（3）规章《教育行政处罚暂行实施办法》（国家教委令第 27 号）第二、四、九、十四、二十三至二十六条。

（4）规章《国家教育考试违规处理办法》（教育部令第 33 号）。

法理分析

（一）雷同卷及其处理

所谓雷同卷，就是经评卷专家组技术判定，同一科目试卷答案文字表述、主要错点高度一致，或错同率达一定比例的试卷。雷同卷是考试作弊的一种表现，它与其他考试作弊的最大区别在于，它不是作弊行为，而是作弊结果。通过认定雷同卷的结果，推定考生实施了未被抓住的作弊行为，是一种“有罪推定”。

修订前与修订后的《国家教育考试违规处理办法》对于雷同卷的处理基本没有变化。根据现行《国家教育考试违规处理办法》第七条、第九条、第十三条、第十五条的规定，考生被认定为答案雷同的，其所报名参加考试的各阶段、各科成绩无效；参加高等教育自学考试的，当次考试各科成绩无效。考试工作人员因未认真履行职责，造成所负责考场出现雷同卷的，将被停止参加当年及下一年度的国家教育考试工作，并由教育考试机构或者建议其所在单位视情节轻重分别给予相应的行政处分。同一考点同一时间的考试有五分之一以上考场存在雷同卷的，由教育行政部门取消该考点当年及下一年度承办国家教育考试的资格。出现大规模作弊情况（雷同卷较多应当属于此类情况）的，对考场、考点的相关责任人、负责人及所属考区的负责人，由有关部门分别给予相应的行政处分；情节严重，构成犯罪的，由司法机关依法追究刑事责任。

（二）教育行政处罚的概念及种类

教育行政处罚是指，教育行政机关或其他行政主体，依照法定权限和程序对违反有关教育法律规范，但尚未构成犯罪的相对方给予行政制裁的具体行政行为。根据《教育行政处罚暂行实施办法》第九条规定，教育行政处罚的种类包括：① 警告；② 罚款；③ 没收违法所得，没收违法颁发、印制的学历证书、学位证书及其他学业证书；④ 撤销违法举办的学校和其他教育机构；⑤ 取消颁发学历、学位和其他学业证书的资格；⑥ 撤销教师资格；⑦ 停考，停止申请认定资格；⑧ 责令停止招生；⑨ 吊销办学许可证；⑩ 法律、法规规定的其他教育行政处罚。

（三）适用于考试作弊的行政处罚

国家教育考试的舞弊行为可以发生在考试过程中的命题、报考、测试、阅卷、登分、公布成绩等各个环节，违法主体包括参考人员、考试工作人员以及伙同作弊的社会上的其他人员。国家教育考试舞弊行为的行政处罚方式种类繁杂，按照考试流程来分，对于各环节出现的舞弊行为，现行法律、法规规定了多种行政处理方式，主要有如下几种：取消报考资格，取消考试资格，宣布考试成绩无效（取消考试成绩），停考，行政处分，取消录取资格，取消入学资格，取消学籍，开除学籍，因学生受到处分拒绝授予学位，宣布学历、学位证书等无效或者撤销学位等。这 11 种都是对国家教育考试舞弊行为的行政处理方式，都具有行政法律效力，应被视为具体行政行为。明确这些具体行政行为究竟是哪一种行政行为，对于判断某种处理方式是否合法设立，实施过程中应当适用何种程序，以及应当提供何种法律救济途径等问题具有重大意义。根据行政法学理论，可以将上述具体行政行为划分为行政制裁、行政许可、行政确认和开除学籍四种。其中行政制裁包括行政处分和行政处罚，而行政处罚是指教育行政主体对违反教育行政法律规范，但尚未构成犯罪的外部相对人进行惩戒的教育行政执法行为。在国家规定的考试舞弊行政处理方式中,可以划为行政处罚的只有一种:停考。

根据《中华人民共和国教育法》第七十九条第一款,在国家教育考试中作弊的,由教育行政部门宣布考试无效。《国家教育考试违规处理办法》第九条第一、第二款规定,对于考试违纪的考生,“取消该科目的考试成绩”;对于作弊的考生,“其所报名参加考试的各科、各阶段成绩无效”,“参加高等教育自学考试的,当次考试成绩各科成绩无效”。这些明确规定都表明宣布考试无效(包括取消考试成绩)是对考试作弊行为的一种行政处理方式,那它是否属于行政处罚呢?我们认为,宣布考试无效是基于考生违纪或者作弊,其成绩不真实,因而确认其无效。由于考生的成绩本来就不真实,因此,宣布其无效并不涉及惩戒性,其本质上属于行政确认行为,而不是行政处罚。

(四)案例评述

本案中的原告郭某于2003年11月在华中科技大学参加了硕士联考英语科目的考试,而苏某在同一考场参加了2003年硕士联考的英语考试,并且座次相连,中国人民大学外国语学院教师在此次联考的英语试卷的评阅过程中,发现考生郭某2号卷和考生苏某3号卷的第五题(英译汉)翻译雷同,阅卷人员将此情况填写在《试卷整理异常情况统计表》中。后中国人民大学外国语学院复核小组进行了核对,并作出了二者的试卷为雷同卷的鉴定意见。根据以上事实,可以基本认定原告郭某在参加2003年硕士联考外语科目考试中,存在作弊行为。针对原告的雷同卷,考试的组织者学位委有权对其作出宣布考试无效的处理。从程序上看,被告在对原告作出正式处理决定之前,履行了告知程序,告知其享有陈述和申辩等权利,处理程序合法。但是,需要指出的是,宣布考试无效不属于行政处罚,本案被告及审判机关对此均存在着定性不准的错误。但在本案中,这一错误不影响案件的最终结果。

对于承担组织考试重任的考试机构而言,在处理考试作弊行为时,时刻面临着被起诉的风险。本案给考试机构的启示是,只要处理决定事实清楚、证据充分、处理适当、程序合法、适用依据正确,就不需要害怕打官司。

请人替考被注销毕业证书诉讼案

替考是一种严重的考试作弊行为。替考中存在两种“对合”行为：请他人代替自己考试和受托代替他人考试。根据教育部的规定，对替考者与被替考者都应予以严惩，如系在校生，可以给予开除学籍处分。我们选取的是高校学生在校期间请人代替参加大学英语四级考试，毕业后被学校注销毕业证书的案例。

案例

1999年9月，钟某和谢某考入G大学建筑与城市规划学院，2002年6月和12月，二人分别请了同班同学陈某代替他们二人参加英语四级考试，顺利通过。2003年临近毕业，因有人检举，请人替考的事情败露。为核实举报内容，G大学调取二人试卷，送往有关单位进行笔迹鉴定。笔迹鉴定结果尚未出来，G大学99级学生已届毕业离校时间。为了慎重起见，G大学制作了钟某和谢某的毕业证和学位证书，但没有按时发给二人。二人委托律师与G大学多次交涉，于2003年11月9日领取了毕业证。此后，笔迹鉴定结论表明：四级考试试卷并非二人亲手作答。获悉结果后，G大学在2004年3月5日，向两人邮寄处理函，要求其“本人立即携带毕业证书回校办理结业处理手续”，二人拒绝办理。为严肃纪律，G大学在2004年6月10日发布通告，对两人作勒令退学处分，随后送交省教育厅备案，并在网上注销了二人的毕业证。二人即向法院提起诉讼。

此案一审的焦点主要集中在G大学是不是行政诉讼的适格被告、学校处分是否过重、学生离校后是否有权进行学籍管理及英语四级成绩是否应和学位授予挂钩。G大学辩称，学校的处理不属于任何具体行政行为，因此此案不属于行政诉讼的受案范围。

白云区法院一审认为，非行政机关的社会组织也可因法律、法规授权而取得行政主体资格，学校经法律授权可以对学生做出特殊的行政管理行为，因此G大学是适格的被告。虽然《普通高等学校学生管理规定》规定了学校可对学生给予勒令退学或开除学籍处分的6种情形，但这些处分针对的主体应是从入学到毕业阶段在校期间有违纪行为且在读的学生，两名原告已经毕业一年，并不适用这项规定。尽管G大学《学生成绩考核管理办法》规定，“学生在校期间累计两次考试作弊者，给予勒令退学处分”，但是，钟某和谢某除参加四级考试作弊之外并无其他作弊记录，因此不符合校规中“勒令退学”的适用条件。被告在处分前没有给予原告陈述、申辩的权利，行为不具有合法性。法院还认为，大学英语四级考试并未列入学校的教学计划大纲，不应影响学生毕业资格的取得。被告因之做出勒令退学和注销毕业证的行为违法。2005年3月，广州市白云区人民法院作出判决：被告于判决生效之日起30日内向原告出具本科毕业学历证明；撤销被告作出的对原告勒令退学的处分决定；被告于判决生效起60日内，召集本校的学位评定委员会对原告的学士学位资格重新进行评定。

G大学不服一审判决，称其行为是学校内部对学生的行政处分，该案不属于行政诉讼的受案范围，向广州市中级人民法院上诉。G大学认为，一审法院认为大学英语四级考试没有列入教学大纲，所以合格与否不影响被上诉人的毕业，这一认定不仅错误，而且完全无视高校的办学自主权。大学英语四级成绩是否与毕业证和学位证挂钩，这是由办学机构决定的，一审法院就该问题作出判决，超越了司法权限。G大学表示，大学英语四级纳入了学校的教育计划，并向学生公开。G大学的教学计划、学籍管理规定等文件均明确规定大学英语是必修课，且第四学期的英语要与大学英语四级挂钩。被上诉人则认为：无论学校有什么样的规定都应该以法律为依据，目前无任何法律、法规、地方性规章规定毕业证和学位证的取得要与大学英语四级成绩挂钩。因此，G大学将大学英语四级成绩作为学生能否取得毕业资格的一个必要条件，并称其为“办学自主权”，不符合相关法律规定。

广州市中级人民法院经审理后认为，G大学并非行政机关，但它对学生作出勒令退学的处分，影响学生的受教育权，其争议并不属于行政诉讼法和最高人民法院相关司法解释明文规定的"不属于行政诉讼范围"。既然法律没有明文禁止，该处分引起的纠纷应当作为行政诉讼案件来处理。该院于2005年8月10日作出终审判决，维持白云区人民法院的一审判决。

法律问题

(1) 什么是替考？如何认定替考？替考的法律责任有哪些？

(2) 行政诉讼中的行政主体是什么？

(3) 高等学校是否属于行政主体？

法条索引

(1) 法律《中华人民共和国行政诉讼法》(1990年10月1日施行)第二、十一、十二、二十五条。

(2) 法律《中华人民共和国教育法》(1995年9月1日施行)第二十、二十二、二十八、三十一、四十二条。

(3) 法律《中华人民共和国高等教育法》第二十、三十、三十二条。

(4) 规章《普通高等学校学生管理规定》(教育部令第21号)第二十七条。

(5) 规章《国家教育考试违规处理办法》(教育部令第33号)第十二、十七条。

法理分析

(一) 替考的概念、认定及法律责任

1. 替考的概念

替考是考试中的一种舞弊行为，是用各种欺骗手段假以他人身份代为参加考试的行为。替考使考试制度形同虚设，破坏了考试规则和考试公平，破坏了考试宗旨和原则，是社会上的不正之风。

2. 替考的认定

考试作弊的形式多种多样，如偷看课本或资料、夹带纸条、交头接耳、做手势或暗号等惯用的作弊手段，而手机等无线通讯设备或其他具有记忆功能的存储器也成为高科技的作弊手段。在众多作弊手段中，替考是较为严重的手段。替考有代替他人考试，也有要他人代替参加考试，其手段主要有四种：① 用假证。按照现在的技术，制作一个没有防伪功能的假准考证或学生证是很容易且成本低廉的事情。② 直接使用被代考考生的证件。③ 两人同时在考场考试，“枪手”先不在答卷上写姓名，如果查出他，他说是来找感觉，学校也没办法处理他，只能要求其离开考场，如果没被发现，则在考试最后写上被代考人的姓名再交卷。④ “枪手”见机行事，查得松则蒙混过关，查得紧则拔腿就跑。

伴随着我国法治建设进程的不断推进，考试机构在认定替考方面面临着越来越严峻的考验。过去，只要证明不是考生本人考试，即可认定替考。而如今，由于国家对行政执法工作更加强调证据充分，要认定考生由他人代替考试，不仅要有证据证明有人代其考试，还要证明这是出于考生本人的意愿。也就是说，替考者是基于被替考者的委托而代其参加考试。如果没有充分的证据，被替考者就可能会辩解说，他(她)是缺考，而不是由他人代替考试。本案中，学校的处理非常“聪明”：一方面，考生事发前的各种表现默认自己参加了考试；另一方面，学校通过笔迹鉴定，确定试卷不是学生本人参加考试。由此，可以认定这两名学生系由他人代替考试。

3. 替考的法律责任

由于替考是一种比较严重的作弊，国家有关法律、法规、规章对此作出了严格的规定。2012 年发布的《国家教育考试违规处理办法》(教育部令第 33 号)中有规定：代替他人或由他人代替参加国家教育考试，是在校生的，由所在学校按有关规定严肃处理，直至开除学籍；其他人员，由教育考试机构建议其所在单位给予行政处分，直至开除或解聘，教育考试机构按照作弊行为记录并向有关单位公开其个人基本信息。第十七条规定：“有下列行为之一的，由教育考试机构建议行为人所在单位给予行政处分；……构成犯罪的，由司法机关依法追究刑事责任。……(二)代替考生或者由他人代替参加国家教育考试的；……”依据这些法律、法规，替考这一考试舞弊行为需承担行政责任或刑事责任。行政责任比较清楚。至于刑事责任，从实践来看，替考者往往会伪造证件，这可能会构成伪造、变造、买卖国家机关证件、印章罪或者伪造、变造居民身份证罪，进而承担相应的刑事责任。

（二）行政主体的概念、特征、范围

1. 行政主体的概念

行政主体是指享有行政权力，能以自己的名义行使行政权，做出影响行政相对人权利和义务的行政行为，并能独立承担由此产生的相应法律责任的社会组织。

2. 行政主体的特征

行政主体具有下列三个特征：

(1) 行政主体是享有国家行政权力，实施行政活动的组织。这是行政主体与其他国家机关、组织的区别所在。

(2) 行政主体是能以自己的名义行使行政权的组织。这是行政主体与行政机关内部的组成机构和受行政机关委托执行某些行政管理任务的组织的区别。

(3) 行政主体是能够独立对外承担其行为所产生的法律责任的组织。这是行政主体具有独立法律人格的具体表现，也是一个组织成为行政主体的必备条件。

3. 行政主体的范围

根据现行有效的法律、法规、规章的规定，下列组织都具有行政主体资格。

(1) 国务院。

国务院是最高国家权力机关的执行机关，是最高国家行政机关。在中国，国务院掌理中国行政事务，所以它实际上是权力最大的行政主体。

(2) 国务院的行政机构。

根据《国务院行政机构设置和编制管理条例》(1997 年 8 月 3 日实施)第六条的规定，国务院行政机构根据职能分为国务院办公厅、国务院组成部门、国务院直属机构、国务院办事机构、国务院组成部门管理的国家行政机构和国务院议事协调机构。国务院组成部门包括各部、各委员会、中国人民银行和审计署等，其依法分别履行国务院基本的行政管理职能，故又叫国务院的职能部门。根据《第十届全国人大一次会议关于国务院机构改革方案的决定》，国务院除办公厅外设 28 个部、委、行、署。国务院直属机构是指国务院设立的主办各项专门业务的行政管理部门，它主管国务院的某项专门事项，具有独立的行政管理职能。因其级别低于国务院各部委，又直属于国务院领导，故称国务院直属机构。

（3）地方各级人民政府。

地方各级人民政府是地方各级人民代表大会的执行机关，同时又在国务院的统一领导下，管理本辖区内的各项行政事务。根据其性质、地位和作用，地方各级人民政府可划分为一般地方人民政府、民族区域自治地方人民政府和特别行政区地方人民政府三类。

① 一般地方人民政府。一般地方人民政府是指各省、直辖市、市、县、乡、镇等地方各级人民政府。根据地域和层级关系，共划分为四级人民政府：第一级是省人民政府，包括省级人民政府和中央直辖市人民政府；第二级是设区的市级人民政府，包括省辖市人民政府、各直辖市的区人民政府；第三级是县级人民政府，包括不设区的市人民政府、县人民政府、省辖市的区人民政府；第四级是乡级人民政府，包括县、市下属的乡、镇人民政府。

② 民族区域自治地方人民政府。根据我国宪法、地方组织法及民族区域自治法的规定，民族区域自治地方人民政府是我国境内各少数民族自治区、自治州（盟）、自治县（旗）、自治乡的人民政府，是民族区域自治机关的组成部分，是民族区域自治地方人民代表大会的执行机关。

③ 特别行政区人民政府。中国政府已于 1997 年 7 月 1 日、1999 年 12 月 20 日分别设立香港特别行政区和澳门特别行政区。特别行政区直辖于中华人民共和国中央人民政府，并享有高度自治权，除外交和国防事务属于中央政府管辖外，特别行政区享有行政管理权、立法权、独立的司法权及终审权。

（4）地方各级人民政府的派出机关。

派出机关是地方各级人民政府在必要时，经有权的上级政府批准设立的行政机关。派出机关在中国实际行政生活中发挥着一级政府的作用，它们自然具有行政主体的地位。

（5）地方各级人民政府的职能部门。

宪法和有关法律规定，地方各级人民政府可以根据工作需要，在报上一级人民政府批准的情况下，设立若干工作部门。这些工作部门在省级通常称厅、局、委员会，在市、县通常称局。上述工作部门在性质上属于各级政府组成部分，但法律、法规却明确授予他们就专门事项以自己名义进行管理的权力，所以，它们具有当然的行政主体资格。

(6) 地方政府职能部门的派出机构。

派出机构是指享有独立对外进行行政管理职权的各级地方政府职能部门,根据工作需要在一定行政区域设置的管理某项行政事务的机构。派出机构是否具有行政主体的地位,在中国争论已久。《最高人民法院关于执行〈中华人民共和国行政诉讼法〉若干问题的解释》(2000 年 3 月 10 日起施行)的出台,为这一争执划下了权威性的句点。该解释第二十条第二、三款规定:行政机关的内设机构或者派出机构在没有法律、法规或者规章授权的情况下,以自己的名义作出具体行政行为,当事人不服提起诉讼的,应当以该行政机关为被告。法律、法规或者规章授权行使行政职权的行政机关内设机构、派出机构或者其他组织,超出法定授权范围实施行政行为,当事人不服提起诉讼的,应当以实施该行为的机构或者组织为被告。

(7) 法律、法规授权的非行政机关组织。

按照组织的性质,法律、法规授权的非行政机关组织大致有以下几种:

① 法律、法规授权的企业。这类组织有的原为企业,后得到国家法律、法规、规章的授权而成为具有行政主体地位的经济实体。例如,中国工商银行、中国建设银行、中国农业银行、中国银行等,在现金管理方面享有行政主体的资格。

② 法律、法规授权的事业单位。如《中华人民共和国学位条例》(1981 年 1 月 1 日起实施)第八条第一款规定:学士学位,由国务院授权的高等学校授予;硕士学位、博士学位,由国务院授权的高等学校和科学研究机构授予。这就赋予了高校学位授予权。

③ 法律、法规授权的社会团体和其他社会组织。社会团体是指社会成员本着自愿原则,依团体章程而依法组成的集合体,如工会、共青团、妇联、残疾人基金会、红十字会、法学会、佛教协会等。社会团体有时也受到来自法律、法规、规章的授权进行行政活动。

(三) 高等学校行政主体资格的认定及权力范围

1. 我国对高等学校法律性质的定位

1998 年国务院公布的《事业单位登记管理暂行条例》规定,事业单位是指国家为了社会公益目的,由国家机关主办或者其他组织利用国有资产举办的,从事教育、科技、文化、卫生等活动的社会服务组织。《中华人民共和国教育法》第二十五条第三款规定:任何组织和个人不得以营利为目的举办学校及其他教育机构。第三十一条第一款规定:学校及其他教育机构具备法人条件的,自批准设立或者登记注册之日起取得法人资格。《中华人民共和国高等教育法》第二十四条规定:设立高等学校,应当符合国家高等教育发展规划,符合国家利益及社会公共利益,不得以营利为目的。第三十条第一款规定:高等学校自批准设立之日起取得法人资格。依此可见我国法律将高等学校的法律性质定位为事业法人。但这一定位难以解释高等学校行使的对学生的处分以及颁发学位证书和毕业证书等行为的法律性质,而且往往导致人们在寻求救济时陷入茫然的境地,因为人们难以从这一定性中判断高校侵犯自己权益究竟是以民事主体的身份行使民事权利还是以行政主体的身份行使行政权力。很显然,这一定位已经落后于现实发展的需要,需要有新的定位来取而代之。

在我国目前的情况下,某些事业单位、社会团体虽然不具有行政机关的资格,但法律赋予它们行使一定的行政管理职权的权力。这些单位、团体与管理相对人之间不存在平等的民事关系,而是特殊的行政管理关系。他们之间因管理行为而发生的争议,不是民事诉讼,而是行政诉讼。经过不断发展与司法实践,作为行政主体的高校被认定为属于行政主体中法律、法规授权的组织。

2. 高等学校行使行政权的范围界定

在明确了高等学校的行政主体地位之后,就有必要界定其行使权力的范围,即其在哪些方面可以行使行政权。根据相关法律规定,结合司法实践,高校的下列行为属于行政行为:

(1) 颁发毕业证书、学位证书。

《中华人民共和国教育法》第二十条规定:国家实行学业证书制度。经国家批准设立或者认可的学校及其他教育机构按照国家规定,颁发学历证书或者其他学业证书。第二十二条规定:国家实行学位制度。学位授予单位依法对达到一定学术水平或者专业技术水平的人员授予相应的学位,颁发学位证书。《中华人民共和国高等教育法》第二十条第一款规定:接受高等学历教育的学生,由所在高等学校或者经批准承担研究生教育任务的科学研究机构根据其修业年限、学业成绩等,按照国家有关规定,发给相应的学历证书或者其他学业证书。《中华人民共和国学位条例》第八条规定:学士学位,由国务院授权的高等学校授予;硕士学位、博士学位,由国务院授权的高等学校和科学研究机构授予。授予学位的高等学校和科学研究机构及其可以授予学位的学科名单，由国务院学位委员会提出，经国务院批准公布。

高等学校颁发学位证书和毕业证书源于法律、法规的明确授权，属于法律、法规授权的组织行使行政职权的行为，应纳入具体行政行为的范畴。根据《行政诉讼法》第二十五条第四项的规定，由法律、法规授权的组织所作的具体行政性行为，该组织是被告。所以，高等学校颁发毕业证书、学位证书的行为应该接受法院的司法审查。但考虑到学位授予与否涉及很强的学术性和专业性，法院在审理此类案件时会遇到一些困难，所以建议对于此类案件先由受教育者提起行政复议，对行政复议结果不服的，再向法院起诉。法院对于此类案件审查的权限应该限定在一定的范围内，即仅对于高等学校作出授予学位与否的决定是否遵循了法律、法规规定的正当程序进行审查，而不宜进行实质性审查。

（2）导致学生丧失学籍的处理。

《普通高等学校学生管理规定》第二十七条规定学生有下列情形之一的，应予退学：① 学业成绩未达到学校要求或者在学校规定年限内（含休学）未完成学业的；② 休学期满，在学校规定期限内未提出复学申请或者申请复学经复查不合格的；③ 经学校指定医院诊断，患有疾病或者意外伤残无法继续在校学习的；④ 未请假离校连续两周未参加学校规定的教学活动的；⑤ 超过学校规定期限未注册而又无正当事由的；⑥ 本人申请退学的。《中华人民共和国教育法》第二十八条规定，学校及其他教育机构行使下列权利：……（四）对受教育者进行学籍管理，实施奖励或者处分。从以上条文自然可以得出学校享有开除学籍、退学等处分权力。然而在《中华人民共和国教育法》第二十八条中规定的是学校的“权利”而非“权力”，这是造成实践中对于高等学校的这类行为定性不清的原因。因为该类行为不属于侵犯受教育者的人身权或者财产权的行为，所以法院往往不予受理，使得受教育者的合法权益不能得到相应的保障。我们可以看出：高等学校实施开除学籍、退学处理等行为的时候，几乎都是单方面决定的，其后果是导致学生丧失学籍，严重影响学生接受高等教育的权利，甚至导致学生永远失去接受高等教育的机会。决定做出后通常会要求受教育者服从和遵守，其行为明显具有行政权性质，其定性应当为“权力”而非“权利”，应当属于法律、法规授权的行政行为，属于行政诉讼的受理范围。在德国，“联邦宪法法院不仅认为基本权利保护和法律保留适用于特别权力关系，而且要求对所有涉及本质的决定必须有议会立法”。“‘重要性’首先意味着‘对实现基本权利是重要的’，即凡与基本权利行使有关的事情，即涉及‘重要性’，从而引起法律保留”。因此，对于学生的受教育权的限制应该适用法律保留原则，即意味着高校不能自行设定退学权，在法律、行政法规、规章没有先行规定的情况下，高校不能自行规定退学的条件、范围和种类。而我国台湾“司法院”大法官于1995年作出的“382号解释文与解释理由书”指出：“各级学校以有关学籍规则或惩处规定，对学生所谓退学或类似之处分行为，足以改变学生身份并损及其受教育之机会，自属对人民宪法上受教育之权利有重大影响，此种处分行为应为诉愿法及行政诉讼法上之行政处分。受处分之学生用尽校内申诉途径，未获得救济者，自得依法提起诉愿及行政诉讼。”这些都表明受到高等学校开除学籍、退学等处分权力侵害时可以提起行政诉讼。

(3) 招收学生或者取消入学资格。

招生录取工作是高等学校选拔合格新生的重要环节，是高等学校办学自主权的组成部分，是高等学校根据国家教育法律、法规、规章、政策，按照一定标准、原则与程序选拔合格新生的权力。《中华人民共和国教育法》第十五条第一款规定：国务院教育行政部门主管全国教育工作，统筹规划、协调管理全国的教育事业。第二十条规定：国家实行国家教育考试制度。国家教育考试由国务院教育行政部门确定种类，并由国家批准的实施教育考试的机构承办。第二十八条第(三)项规定：学校及其他教育机构行使招收学生或者其他受教育者的权利。同时，《中华人民共和国高等教育法》第十九条规定：高级中等教育毕业或者具有同等学力的，经考试合格，由实施相应学历教育的高等学校录取，取得专科生或者本科生入学资格。本科毕业或者具有同等学力的，经考试合格，由实施相应学历教育的高等学校或者经批准承担研究生教育任务的科学研究机构录取，取得硕士研究生入学资格。硕士研究生或者具有同等学力的，经考试合格，由实施相应学历教育的高等学校或者经批准承担研究生教育任务的科学研究机构录取，取得博士研究生入学资格。第三十二条规定：高等学校根据社会需求、办学条件和国家核定的办学规模，制定招生方案，自主调节系科招生比例。可见，高等学校的招生权来自于上述法律、法规的授权，其行使该权力的行为应当认定为具体行政行为。在招生录取阶段，高校有权对不合格的考生作出不予录取的决定，也有权在有关部门审核后录取考试合格的考生。当考生认为高校在招生过程中存在偏私或瑕疵，致使其受教育权受到侵犯时，可以通过行政诉讼的途径获得救济。此外，《普通高等学校学生管理规定》第八条第一款规定：新生入学后，学校在三个月内按照国家招生规定对其进行复查。复查合格者予以注册，取得学籍。复查不合格者，由学校区别情况，予以处理，直至取消入学资格。取消入学资格这一行为，本质上是高校在新生入学后、正式取得学籍前，在复查的基础上行使不予录取学生的权力，因此，取消入学资格也属于行政行为。

（四）案件评述

本案是一起由学生考试舞弊引发的注销毕业证纠纷。

首先，被告作为公立高等学校，虽不是行政机关，但其颁发学位证书和毕业证书的权力源于法律、法规的明确授权，属于法律、法规授权的组织行使行政职权的行为，属于具体行政行为的范畴。因此，该高校作为法律、法规授权的组织，是适格的被告，本案属于行政诉讼受案范围。

其次，高校只能对在校生实施纪律处分，无权对已经毕业的学生作出处分。根据《中华人民共和国教育法》的规定，学校可针对学生的违纪行为采取勒令退学或开除学籍等处分，但这些处分针对的主体只是从入学到毕业阶段在校期间有违纪行为且在读的学生。两名原告已经毕业一年，不属于在校学生的范围，不适用此规定。尽管G大学《学生成绩考核管理办法》规定，“学生在校期间累计两次考试作弊者，给予勒令退学处分”，钟某和谢某要他人代替参加考试是一种考试作弊行为，但二人除参加大学英语四级考试作弊之外并无其他作弊记录，不符合校规中“勒令退学”的适用条件。因此，G大学不能作出勒令原告退学的处分，也不能注销原告的毕业证书。另外，学校对学生作出处分，要程序正当、处分恰当，在作出决定之前应听取学生或者其代理人的陈述和申辩，但G大学并未遵守此规定，其处分行为是不合法的。

再次，高等学校享有办学自主权，但必须遵守法律、法规、规章。《中华人民共和国高等教育法》第二十条第一款明确规定：接受高等学历教育的学生，由所在高等学校或者经批准承担研究生教育任务的科学研究机构根据其修业年限、学业成绩等，按照国家有关规定，发给相应的学历证书或者其他学业证书。依据此条文，学生只要按规定完成学业，成绩合格，学校应颁发毕业证书。虽然G大学享有办学自主权，但目前无任何法律、法规、地方性规章规定毕业证和学位证的取得要与大学英语四级成绩挂钩，G大学将英语四级成绩作为学生能否取得毕业资格的一个必要条件，不符合相关法律规定。

需要特别说明的是，尽管将大学英语四级成绩与毕业证、学位证直接挂钩在法律上缺少依据，但如果高校改变传统思维，将大学英语四级成绩作为校内英语必修课是否合格的依据，以大学英语四级考试代替校内英语必修课的期末考试，再以英语课不合格为由，不发学历或学位证书，可以实现将大学英语四级成绩与学历、学位证书间接挂钩，并且完全符合现行法律规定。就本案而言，如果学校有上述大学英语四级成绩与学历、学位证间接挂钩的制度，学校可以先暂缓发证，待鉴定结果出来后再决定是否发证，这样就不会败诉。此外，根据《中华人民共和国教育法》第八十条规定：违反本法规定，颁发学位证书、学历证书或者其他学业证书的，由教育行政部门宣布证书无效，责令收回或者予以没收；有违法所得的，没收违法所得；情节严重的，取消其颁布发证书的资格。如果毕业证已误发，可以请求主管教育部门宣布无效。

最后，法院要求高校向原告出具本科毕业学历证明的判决，超出了司法权限，干涉了高校办学自主权。向学生发放学历证明是一种行政行为，但这一行政行为的作出，又是建立在学术评价基础之上的。从本案情况看，两名原告由他人代替参加英语四级考试，这是确定无疑的。也就是说，两名原告的英语四级考试分数应为零分。如果该高校是以英语四级考试的成绩作为衡量校内英语课是否合格的依据，那么，两名原告就属于未完成学业的学生，也就当然不能取得毕业证书。因此，法院对于毕业证书的判决，应当比照其关于学位证书的判决，要求高校重新研究决定，而不能直接判令高校限期发放毕业证。

综上所述，被告 G 大学具有行政主体资格，案件属于行政诉讼受案范围，被告对已毕业的两名原告作出勒令退学和注销毕业证的处分，对象不适格，行为违法，法院的判决尽管在个别方面存在一定的瑕疵，但总体方向上是正确的。

这个案件的教训是深刻的。一方面，广大考生要严格遵守考试纪律，切不可心存侥幸，投机取巧，否则必会得不偿失。另一方面，高校要严格依法治校，依法管理学生，处理学生违纪案件，实施任何影响他人权利、义务的行为必须有明确的依据，切不可凭感觉、凭情理做事，否则，就将承担不利的法律后果。

请人替考被开除学籍案

高校学生在校内考试中有替考行为的，高校依法可予开除。高校学生在校外考试中替考，是否可以对其作出开除处分，司法实践中争议颇大，需要依据相关规定具体分析。我们选取的是在校生在国家教育考试中替考被所在高校开除学籍的案例。

案例

原告刘某原系某大学学生。2006 年原告在高等学校英语应用能力 B 级考试中被发现由他人替考。后被告某大学作出对刘某、郭某等八名学生开除学籍的处分。2007 年原告刘某就被告开除学籍诉至法院，在审理过程中，被告给予原告申诉机会，原告申请撤诉。法院作出准予撤诉的裁定。后被告对原告的申诉进行研究，作出维持原处分的决定。原告向所在省教育厅申诉，省教育厅于 2008 年作出答复书，维持了被告的处理意见。原告仍不服，诉至法院。

原审认为，被告依据《普通高等学校学生管理规定》第五十四条等相关的规定，对原告作出开除学籍的处分，并无不当。关于原告提出违纪行为的发生是赛前停课排练造成的，不能成为原告违纪理由。且被告对其他违纪学生也作出同样处分。关于原告提出被告未向其送达处分决定及没交代申诉权利，因原告称学校对其及其父母告知了处分决定，原告在本案诉讼前向被告进行了申诉，行使了申诉等权利，省教育厅也对原告的申诉进行了答复，所以原告的相关权利没有实际受到影响。考虑到被告在程序上存在不妥，故不适宜判决维持，亦不足以撤销该具体行政行为。因此，判决驳回原告的诉讼请求。

原告刘某不服一审判决，向市中院提起上诉。上诉人刘某上诉称：上诉人违纪事出有因，被上诉人对此处理偏重；被上诉人在处理上诉人违纪问题上程序严重违法；一审判决所认定的事实不清，证据不足。

被上诉人某大学未在法定期限内向法院提交书面答辩，但在庭审答辩时称：① 上诉人的替考行为与其他违纪人员具有一致性，适用的法律、法规和规范性文件具有一致性，上诉人参加比赛并不能成为上诉人考试违纪的理由；② 被上诉人作出的除名决定事实清楚，证据充分，适用法律正确；③ 被上诉人向其父母送达了处分决定，并告知其权利和义务，上诉人和其父母拒绝签署处罚决定，学校同意上诉人继续申诉，并且上诉人向教育厅作出了申诉。

原审被告某大学提供的证据材料有：① 准考证、刘某伪造的身份证、郭某的检讨书、考场记录、监考老师证明、事情经过，证明刘某存在伪造身份证找他人替考的违纪事实。……④ 某大学发[2006]97 号文件，证明刘某的处分决定已经校长办公会成员会签同意。……⑦ 行政裁定书，证明原告因被开除学籍一事已经提起诉讼，后以被告给予其申诉机会为由撤诉。⑧ 申诉书及受理登记表，证明被告已按法院裁定给予原告申诉机会。⑨ 会议记录，证明被告召开会议对开除学籍一事进行研究。⑩ 关于刘某同学申诉复审的决定，证明被告已将复审决定送达给原告。⑪ 省教育厅决定，证明原告已向教育厅申诉并得到答复。被上诉人还向原审法院提供了法律依据。原审原告刘某向原审法院提供的证据材料有：学生证，证明原告 2003 年 9 月考入学校等。

市中院认认定，原审法院对原审被告提交的第①④⑦—⑪号证据以及原审原告提交的 1 号证据予以采信的认证正确。市中院认定的事实与原审法院一致。市中院认为：① 根据规定，被上诉人具有对受教育者进行学籍管理并针对不同情况作出奖励或者处分的权利。原审对此认定正确。② 被上诉人提供的证据能够证明上诉人指使他人代替其参加国家教育考试的事实存在，且被上诉人对上诉人作出开除学籍的处分符合规定的要件。虽然在被诉的处分决定中没有按照规定要求载明救济途径，但上诉人实际上已进行了申诉且被上诉人在程序上存在的瑕疵并不严重，故该处分决定不足以被撤销。关于上诉人提出的其由被上诉人安排排练舞蹈比赛，对其处理偏重问题，因被上诉人对其他违纪学生也作出了同样的处理，故不能认定显失公正。综上，原审判决结果并无不当，判决驳回上诉，维持原判。

法律问题

(1) 什么是高校违纪处分权？

(2) 高校行使违纪处分权应遵循什么原则？

(3) 高校违纪处分权法律救济的途径和方式有哪些？

法条索引

(1) 法律《中华人民共和国教育法》(1995 年 9 月 1 日施行)第十七、二十八条。

(2) 规章《普通高等学校学生管理规定》(教育部令第 21 号)第二、五十二、五十四、五十六、五十七、五十八、五十九、六十一、六十二、六十三条。

(3) 规章《国家教育考试违规处理办法》(教育部令第 33 号)第二、四、十二、二十五、二十六、二十七、二十九、三十三条。

法理分析

(一) 高校违纪处分权的概念、特征

1. 高校违纪处分权的概念

对于何谓高校违纪处分权，法律没有明确的概念，理论界也没有取得一致认可的观点。根据教育部 2005 年颁发的《普通高等学校学生管理规定》(以下简称《规定》)第五十二条第一款的规定：对有违法、违规、违纪行为的学生，学校应当给予批评教育或者纪律处分。因此，可将高校违纪处分权定义为：高校违纪处分权是指高校决定对违法、违规、违纪的学生采取何种纪律处分并实施该处分的权力。

2. 高校违纪处分权的特征

(1) 违纪处分权的主体是学校。

行使违纪处分权的主体必须是《中华人民共和国教育法》(以下简称《教

育法》)意义上的学校,并且按照《规定》第五十九条,对学生作出纪律处分的应当以学校的名义并出具处分决定书,而教师本人对学生只有约束、教育、批评建议权,法律规章没有赋予其违纪处分权。

(2) 违纪处分权目的是为了教育学生。

高校对违纪学生予以惩戒和教育,实行教学管理,其目的是为了有效维护学校公共利益和教学秩序,保护广大学生的教育权。终极目的是为了教育学生使其不再犯,获得良好的人生发展。这一特征使得违纪处分权区别于一般的行政处罚行为。

(3) 违纪处分权行使的依据是我国法律、规章及学校内部校规校纪。

《教育法》、《中华人民共和国高等教育法》(以下简称《高等教育法》)、《规定》通过明文规定或授权学校通过制定符合自身校情的校规来赋予学校违纪处分权,并为这一权利的行使提供了充足的保障,学校有权在法定框架下自主行使这一权利。

(4) 违纪处分权行使的对象是实施了违法、违规、违纪行为的学生。

《教育法》、《高等教育法》、《规定》都明确了学生的义务,校规也可以在法定范围内对学生的义务具体化,当学生不履行其法定义务违反纪律时,学校就有权对其采取相应的纪律处分。

(5) 违纪处分权内容包括学校决定对违纪学生采取何种纪律处分,并进行强制执行。

《规定》第五十三条规定纪律处分的种类包括警告、严重警告、记过、留校察看、开除学籍。具体处以什么样的处分由学校根据学生的违纪状况按照各自的校规进行处理,但是校规的具体处理办法并不是任意制定的,新《规定》明确说明,学校给予学生的纪律处分,应当与学生违法、违规、违纪行为的性质和过错的严重程度相适应。因此,学校在确定应当给予纪律处分的范围时必须注意学生行为的性质,对于严重破坏学校的公共秩序和严重侵犯其他学生合法权利的,依据《中华人民共和国刑法》的规定构成犯罪的行为,以及一般的违法行为即对学校公共秩序造成不良影响或侵犯其他学生合法权利的行为,学校才有资格进行处分。当然对于违法的行为对学生的处分不能取代国家司法和行政的处罚。

(二) 高校违纪处分权的行使原则

(1) 处分与教育相结合原则。

高校行使违纪处分权必须坚持处分与教育相结合原则。教育目的是高校最高宗旨，是其作出一切行为的根本出发点，处分与教育是高校执行违纪处分的两种必然方式，通过处分可以迫使违纪学生遵守法律、法规，恢复校园秩序，通过教育则可以引导学生自觉遵守学校的纪律，两者的目的都是为了使学生更好地遵守纪律，达到维持学校秩序的目标，最终达到维护学生教育权的目的。在坚持处分与教育相结合原则时学校注意以下几点：其一，违纪处分权的行使必须考虑到教育的目的，杜绝为处分而处分，滥用处分的权力加重对学生的处罚，这不仅达不到感化教育学生的效果，反而会让学生产生抵触情绪，甚至以其他方式发泄对学校的不满；其二，对于一些初犯或认错态度很好、改过自新的学生，学校可以适当从宽处分，更多地以说服教育的方式来教化他。

(2) 合法性原则。

合法性原则是指高校在行使违纪处分权时必须依法律规章授权，越权无效。该原则是高校行使违纪处分权应遵循的重要原则。具体要求如下：

① 权利行使主体合法。

《教育法》第二十八条规定学校有对受教育者进行学籍管理、实施奖励或者处分的权利。《高等教育法》第四十一条规定高等学校的校长有对学生进行学籍管理并实施奖励或者处分的权利。学校作为学生的管理者，正是由于其权力的来源依据法律授权且权力行使的内容受法律认可，才能成为合法的权力行使者，其依法作出纪律处分才能让学生接受，同样高等学校的校长基于法律的规定也享有处分职权，是决定的权利行使主体。

② 权力的行使必须以法律、规章明文规定作为依据。

这里的法律规章是指《中华人民共和国宪法》《教育法》《高等教育法》及教育行政主管部门制定的规章和学校的校规校纪。权力行使的具体内容也有法律规章的明确界定，任何超过法律规章授权范围行使的权力都将无效。这就要求学校所作出的对违纪学生的纪律处分的条件、范围、种类都必须与法律、规章、校规相一致而不能抵触。

③ 权力行使的依据本身合法。

宪法是一个国家的根本大法，是任何法律的上位法，其他任何教育法律、规章的规定与之相冲突的当然无效，因此学校行使违纪处分权必须以宪法规定为其最高标准，保障学生的受教育权，将其他法律、法规作为第二标准，最后将自身的校规作为第三标准,凡是与上位法冲突的依据都应认定为不合法,不能作为参考标准。当法律、规章授予学校在一定领域内的自主裁量权时,学校应当将法律原理、原则、精神作为其行使自主裁量权的灵魂,以之作为指引,正确行使权力。

④ 行使违纪处分权处分的违纪行为法定。

对于被处分人来说,法无明文规定不受罚,凡是法律、规章、校规没有规定应当给予纪律处分的行为,该行为即不应受到学校的处罚,学校、校长不能出于运动式的目的对于学生事后行为进行处罚。

(3) 正当程序原则。

学校历来就拥有比较广泛的处分学生的权力,这种权力的行使会对学生产生直接不利影响。由于学生处于弱势的一方,其自身能力不可能对抗学校的权力,如果没有"超权力"的机制对学校权力进行规制,将直接导致权力滥用,学校恣意妄为。高校违纪处分权是自由裁量权的一种,如果能合理限制高校"自由",使其严格按正当程序行使违纪处分权,就不会导致最后的结果不公正,最终被学生推向法庭。如果学校行使的违纪处分权本身具有正当性,再加上行使该权力时以积极态度遵循正当程序,是可以达到"双赢"效果的。正当程序原则对学校是百利而无一害的,学校按正当程序行使违纪处分权有利于促进学生和学校的关系向着和谐方向发展。

(4) 公平、公开原则。

高校行使违纪处分权就是指高校在运用违纪处分权处罚学生时,应当依法平等地对待受罚的学生,而不应当因为其出身、性别、宗教信仰厚此薄彼,同种情况给予不同种处罚。"法律面前人人平等"是宪法的基本原则,学生作为学校的成员地位是平等的,在同样条件下应当同等被奖励、被处分。学校在对学生纪律处分时不能因个人喜恶而对有的学生特别宽松处理而对有的学生过分严肃处理。公开原则是指学校在处罚学生时除了学生隐私外,其他一律向全校公开。公开原则是公平原则的重要保障,只有确保一切处分依据和处分过程向全校师生公开,受全校师生监督,才能使处分的结果朝着公平、公开的方向发展。

(5) 比例原则。

高校在具体行使违纪处分权时必须注意两点:其一,高校对学生进行纪律处分时所采取的处分方式必须与教育学生的目的相吻合,当该处分方式在更大程度上损害到学生的合法权益时就应该考虑变换成其他处分方式;其二,小过轻罚,大过适当重罚,不必要的违纪行为不罚而以说理教育感化之,也即只有在一项违纪行为必须适用某种处分措施才能达到合理教育学生的目的的情况下,学校才以慎重的态度采取该处分措施;其三,必须抛开那种为达"以儆效尤"目的而对违纪学生"从重处罚"的思想,因为这种思想本身就存在问题,它蔑视了人的平等权,以牺牲学生更大的权益来达到对其他人的"一般预防",是对学生基本权利的直接践踏,也更加不符合比例原则的精神实质。

(三)高校违纪处分法律救济的途径和方式

高校的违纪处分权其本质是一种公共管理的行政权,这确定了高校违纪处分法律救济的一般模式,应当以公力救济为主导。在高校违纪处分中可设置三条救济途径:行政申诉、行政复议和行政诉讼,建立一个法律效力越高、适用范围越窄、审查标准越严格的"金字塔"式的救济体系。

1. 教育申诉

教育申诉是指公民或者法人认为自己的合法权益受到损害而向行政主体提出获得救济或者保护的请求的制度。申诉有着适用范围广泛、方便灵活、效率高等特点,内部行政行为、外部行政行为,抽象行政行为、具体行政行为都可以提起申诉,具有法定性、专门性以及行政性的特点。

申诉作为《教育法》所确定的高校纪律处分的一项法定救济措施,根据新《普通高等学校学生管理规定》,具体内容包括以下几点:

(1) 申诉主体。只要是在接受高校教育期间对学校给予的处分不服的学生都可以依法提起申诉。

(2) 申诉的范围。虽然新《普通高等学校学生管理规定》没有明确规定申诉的范围,但从本义中可以推断出,应当包括警告、严重警告、记过、留校察看、退学、开除学籍等所有纪律处分方式。

(3) 申诉程序,遵循"二级申诉制度",分为向高校学生申诉处理委员会申诉和向高校所在地省级教育行政部门申诉两个阶段。从新《普通高等学校学生管理规定》的有关规定看,向高校学生申诉处理委员会申诉是向高校所在地省级教育行政部门申诉的前置条件。学生对处分决定有异议的,首先向高校学生申诉处理委员会提出书面申诉,学生申诉处理委员会对学生提出的申诉进行复查,作出复查结论并告知申诉人。需要改变原处分决定的,由学生申诉处理委员会提交学校重新研究决定。学生对复查决定有异议的，再向学校所在地省级教育行政部门提出书面申诉，省级教育行政部门给予处理并答复。

(4) 受理申诉的机关，包括高校学生申诉处理委员会和高校所在地省级教育行政部门。学生申诉处理委员会应当由学校负责人、职能部门负责人、教师代表、学生代表组成。

(5) 时限。学生向高校学生申诉处理委员会提出申诉的时限是在接到高校处分决定书之日起 5 个工作日内。学生申诉处理委员会进行复查、作出复查结论并告知申诉人的时限是在接到学生申诉之日起 15 个工作日内。学生向学校所在地省级教育行政部门提出申诉的时限是接到学校复查决定书之日起 15 个工作日内。省级教育行政部门给予处理并答复的时限是接到学生申诉之日起 30 个工作日内。从处分决定或者复查决定送交之日起，学生在申诉期内未提出申诉的，学校或者省级教育行政部门不再受理其提出的申诉。

(6) 申诉形式上，学生必须以书面形式提出申诉请求。

2. 行政复议

行政复议是指公民、法人和其他组织认为行政主体的具体行政行为侵犯其合法权益，依法向有复议权的行政机关提出申请，受理申请的复议机关依照法定程序对具体行政行为进行审查并作出裁决的行为。

高校违纪处分权作为公共管理的行政权，无论其自由裁量度多大，都不应成为脱离监督的“特权”。如果只为受高校纪律处分的学生设置一条申诉的救济途径，实际上暗含了高校违纪处分权作为“特别权力关系”的定位，这显然是与以维护公民权为己任的现代法制精神相违背的，因此引入行政复议机制就尤为必要。

(1) 行政复议范围。根据行政复议法的规定精神，高校只有因实施其法定授予的权力引发的纠纷才属于行政复议的范围。根据司法实践的惯例，高校作出的纪律处分中，只有开除处分才可以申请复议。此外，具有惩戒性质的退学处理，也可以申请复议。

(2) 行政复议受理机关。根据行政复议法的规定，省教育行政部门作为高校的主管部门，受理申请人不服高校行为的复议案件。

(3) 适用一级复议制度。学生在高校所在地省级教育行政部门一次审理并作出裁决后，即使不服，也不得再向有关行政机关再次申请复议，只能向法院提请诉讼。

(4) 审查方式以书面审查为主。主要对双方提供的书面材料进行审查，如不能通过书面材料发现问题的可要求双方补充材料；只有必要时才召集行政复议当事人了解情况。这主要是因为高校纪律处分的案情一般并不复杂，通过书面审查可以查清事实真相，书面审查有利于提高行政效率，减轻学生和高校的对抗情绪，及时使学生得到法律救济。

(5) 复议决定。如果经审查认为高校纪律处分事实清楚、证据确凿、适用法律法规和规章正确，程序合法正当，就应当作出维持高校纪律处分的决定。否则，行政复议机关可以依法直接作出撤销、变更或者确认该行为违法的决定。

3. 行政诉讼

行政诉讼是指行政相对人与行政主体在行政法律关系领域发生纠纷后，依法向人民法院提起诉讼，人民法院依法定程序审查行政主体的行政行为的合法性，并判断相对人的主张是否妥当，以作出裁判的一种活动。高校违纪处分作为一种公共管理的行政权，应当是行政诉讼的受理范围。其特殊性不在于司法权能不能介入，而是司法在多大程度上介入的问题。

作为高校违纪处分法律救济制度组成部分的行政诉讼，既要有效救济学生的合法权益，又不至于破坏高校的自主管理权，这就决定了司法介入的有限性，也就是说，在合理的范围内，法院不应当干预高校的纪律处分行为，但是，当高校违纪处分权已经被滥用时，法院就应当应学生的请求进行干预，采取撤销或者其他措施为学生提供法律上的救济。

(1) 在受案范围上，不是对所有纪律处分都能诉讼，只有对开除、退学才可以提起诉讼。在完善以及强化针对高校纪律处分的司法救济的同时，也应当看到将所有学生权益受损的纠纷都诉诸法院既不现实也不妥当。警告、严重警告、记过、留校察看，对学生影响比较轻微，属于高校自主管理的“合理范围”，属于内部行为，不属行政诉讼范围。从权利救济角度出发，对受案范围进行限制也是对学生有利的。警告、严重警告、记过、留校察看，不影响学生的受教育权等根本权益，并不改变学生的身份。且警告、严重警告、记过、留校察看处分的纪律处分一般情节轻微，本着教育为本的原则，高校一般会给一定观其后效的宽限期，不会影响学生的学业完成，在一定情况下还可以撤销纪律处分。而且，受警告、严重警告、记过处分、留校察看处分的学生，已有申诉救济的途径。行政救济途径讲求行政效率，而司法救济途径程序性强，如果警告、严重警告、记过、留校察看也提起行政诉讼，学生所需耗费的时间、精力比较大，所付出的“成本”和所能期待的“收益”并不符合法律经济的原则。只有退学、开除学籍这些比较严重的纪律处分，由于与学生基本权利关系重大，法院才有干涉的必要。

(2) 法院对高校违纪处分的审查应当是有限审查。法院对高校违纪处分争议的主管范围是有限的，只主管因高校处分学生这种具体行政行为引起的案件，不管辖因高校制定的纪律是否合法发生争议的案件。当然，人民法院在审查具体的处分行政行为时，也不可能绝对排斥对高校制定纪律这种抽象行政行为的监督。当高校制定的纪律违反了法律、行政法规、地方性法规或者规章时，法院就会排除对高校纪律处分的适用，实际上已经行使了在一定程度上判断高校纪律是否合法的监督权。

法院只应审查高校纪律处分的合法性，而不审查高校纪律处分的合理性。这是因为行政权和司法权是两种国家权力，裁定行政行为是否合法属于司法权的范围，确定行政行为是否合理属于行政权的范围。进行合法性审查的具体标准包括：主要证据是否充分，适用法律法规是否正确，程序是否合法，是否超越职权或者滥用职权等。

(3) 在审理一般的行政诉讼案件中，法院以法律、行政法规、地方性法规为依据，规章只作为参照。基于目前高校纪律处分没有专门立法，只有在教育部的规章中有所规范，法院在审理此类案件时，规章应当作为审理依据。

（四）案件评述

本案是一起因在国家教育考试中作弊引发学校开除学生的诉讼纠纷。

首先，高等学校是违纪处分权的主体，依法享有违纪处分权。其次，某大学可以基于刘某在国家教育考试中的替考行为，对其作出开除处分。本案发生于2006年，应当适用教育部2004年发布的《国家教育考试违规处理办法》(教育部令第18号)，该办法第十二条规定，代替他人或由他人代替参加国家教育考试，是在校生的，由所在学校严肃处理，直至开除学籍。因此，尽管英语应用能力B级考试是国家教育考试，不是校内考试，但高校仍然可以依据《普通高等学校学生管理规定》和学校有关管理细则，对刘某予以开除。再次，本案中高校的处分行为程序基本合法。某大学向刘某及其父母告知了学校的处分决定。虽然处分决定中没有按照《国家教育考试违规处理办法》第二十六条规定的要求载明救济途径，但上诉人在一审诉讼前，向被上诉人进行了申诉，行使了申诉等权利，省教育厅也对上诉人的申诉进行了答复，所以上诉人的相关权利没有实际受到影响，被上诉人某大学程序上的部分瑕疵不影响处理结果的认定。因此，法院最终维持了高校的处理决定。

国家对在校大学生考试舞弊行为作出了更为严格的规定，不仅在学校考试中作弊会受到纪律处分，在国家教育考试中作弊同样会受到学校的纪律处分。大学生作为国家培养的重点对象，作为国家未来建设的重要人才，不仅要学习和丰富自己的知识，还要培养自己的道德素质和法律意识，时刻牢记遵纪守法，拒绝考试舞弊，努力成为一个真正的合格人才。

在校大学生代替他人考试未取得学士学位案

代替他人考试是一种严重作弊行为。根据教育部的规定，在校学生在国家教育考试中代替他人考试的，由学校严肃处理，直至开除学籍。但是，“严肃处理”是否包含不授予学位，实践中争议较大。我们所选取的是在校学生代替他人参加大学英语四六级考试被留校察看进而未取得学士学位的案例。

案例

原告樊某于 1999 年至 2003 年，在被告郑州某学院建筑工程管理系工程管理专业学习，2002 年 1 月 12 日因代他人参加全国大学生英语四六级考试，受到留校察看一年（2002 年 1 月 21 日起至 2003 年 1 月 21 日）的处分。留校察看期满后，被告未作出继续处分决定。2003 年 7 月 1 日，被告准予原告毕业，并向其颁发毕业证书，未授予学士学位证书。原告不服，于 2003 年 9 月 17 日向郑州市二七区人民法院提起诉讼。

原告樊某诉称：其于 2002 年 1 月 12 日代他人进行全国大学生英语四六级考试，构成舞弊，受到留校察看一年（2002 年 1 月 21 日起至 2003 年 1 月 21 日）的处分。原告愿意接受处分，且在一年中认真学习，遵守校纪校规，多次向系里汇报思想并无偿献血 1400CC，且各门成绩已达到校方要求，已成为一名合格的大学毕业生，符合《中华人民共和国学位条例》《中华人民共和国学位条例暂行实施办法》规定的授予学士学位的条件，应当授予学士学位。而被告以其《学生手册》"第一条，在校期间因违反纪律，受到行政记过（含记过）以上处分；第二条，考试舞弊者不授予学位"之规定为由，对原告不授予学位。原告认为被告《学生手册》的规定与法律规定抵触，应认定无效。被告对原告不授予学位，没有告诉原告进行申辩，也没有说明不授予学位的理由，存在没有审查即做决定之嫌，故原告认为被告评审学位的程序违法。原告提交的证据材料有：《中华人民共和国学位条例暂行实施办法》第三条、第五条、第十六条，《中华人民共和国学位条例》第四条第一、二款，郑州某学院《学生手册》，被告 2003 年 9 月 17 日出据的原告成绩单，2003 年 7 月 1 日被告向原告颁发的毕业证书，2002 年 1 月 21 日原告受到留校察看处分的证明。

被告郑州某学院在收到起诉状副本之日起十日内未向法庭提交作出具体行政行为的有关材料，也未提出答辩状。

原告提交的证据材料经庭审质证，法院确认：1 至 5 号证据客观真实，合法有效且与本案关联，可作为定案依据。而且法院认为：《中华人民共和国教育法》规定，学校及其他教育机构行使对受教育者颁发相应的学业证书的职权；《中华人民共和国学位条例》规定，学士学位，由国务院授权的高等院校授予。原告樊某系被告 2003 年本科毕业生，被告与原告之间存在管理与被管理的特殊行政关系，被告虽不是行政机关，却受法律、法规的授权对受教育者行使授予学位的职权。故原、被告之间因授予学位而引发的争议是行政诉讼。被告未在法定举证期间提交其对原告进行学位评审及不颁发学位证书的全部证据和规范性文件，应视为其具体行政行为没有相应的依据。被告所制定的《学生手册》中关于在校期间因违反纪律，受到行政记过（含记过）以上处分，及考试舞弊者不授予学士学位的规定，与《中华人民共和国学位条例》中"高等学校本科毕业生，成绩优良，达到下述水平者，授予学士学位：（一）较好掌握本门学科的基础理论、专门知识和基本技能；（二）具有从事科学研究工作或担负专门技术工作的初步能力"及《中华人民共和国学位条例暂行实施办法》中"高等学校本科学生完成教学计划的各项要求，经审核准予毕业，其课程学习和毕业论文的成绩，表明确已较好掌握本门学科的基础理论、专科知识和基本技能，并具有从事科学研究工作或担负专门技术工作的初步能力的，授予学士学位"的规定相抵触，故应认定无效。法院判决被告于判决生效之日起六十日内，对原告进行学士学位资格审核，作出是否授予学士学位的决定。

法律问题

（1）如何定性高校的学位授予权？

（2）高校学位授予权应遵循什么原则？

（3）对考试作弊的考生，是否可以不授予学位？

法条索引

（1）法律《中华人民共和国教育法》第二十一、二十二、四十二条。

（2）法律《中华人民共和国学位条例》第二、四、八条。

（3）行政法规《中华人民共和国学位条例暂行实施办法》(1981年5月28日施行)第三、五条。

法理分析

（一）高校学位授予权的法律性质

随着我国教育体制改革以及各种学位诉讼案件的发生，学术界和法律界更多地将公立高校界定为法律、法规授权的组织，而高校颁发学位证书的行为则被认定为一种行政授权行为，则高校学位授予权可认为是一项行政权。要理解高校学位授予权的这一法律性质，主要认定高校是否是被授权的组织。一般行政授权指两种情形，一个是法律、法规直接授权，另一个是行政机关授权。第一个是行政管理的常态，法律授权是行政机关获得行政权力的方式。第二个是指在行政机关不便于管理某些事务的情况下，法律、法规规定行政机关可以将自己部分权力委托给有关组织代为行使，这种方式是事业单位取得行政权力的主要方式。高校作为法律规定的事业单位，并不是行政机关，法律并未授予高校直接的行政权力，而只在《中华人民共和国学位条例》中规定了学士学位由国务院授权的高等学校授予。因此，可以理解为国务院授权给高校，高校颁发学位证书是行使行政权力。行位权力作为一种外在的结构形式维系着高校的存在和发展，学位权力作为一种内在力量发挥着支配作用。学位主管部门具有直接支配另一方当事人的强制命令的力量，所以它是一种国家强制力的权力。另一方面，高校代表国家行使的学位授权，具有公定力、确定力、执行力等行政权力的特征，并能以自己的名义行使学位授予权，同时承担因学位授予行为而产生的法律责任。由此可见，高校学位授予权具有行政权的性质。

（二）高校行使学位授予权应遵循的原则

根据学位授予行为的性质和特点，高校行使学位授予权时应遵循的原则包括合法性原则、合理性原则、比例原则、公开原则和正当程序原则等。

1. 合法性原则

在任何一个法治国家，合法性原则都是法律制度的重要原则，是指行政主体行使行政权力必须依据法律，符合法律，不得与法律抵触，同时遵循行政法规、地方性法规等规范性文件。在高校学位授予中，违法现象较多，如出台违反上位法，在学位管理具体办法中创设了法律、法规没有规定的新处罚义务等。

2. 合理性原则

按照合理性原则，高等学校虽然是公共机关，但与行政机关这种典型的行政组织不同。对于教育法没有明确规定的方面，高等学校可以根据自己的情况作出具体的规定细化。但在行使自由裁量权时必须考虑合理性问题，尤其在我国学生观念和权利都有新的认识的今天，学位授予也应该与时俱进，在合乎法律的前提下，尽量体现人性化、民主化和人文主义的精神。

3. 比例原则

所谓比例原则，是指行政机关实施行政行为应兼顾行政目标的实现和保护相对人的利益，如果为了实现行政目标可能对相对人权益造成某种不利影响时，应使这种影响限制在尽可能小的范围和限度，使二者处于适度的比例。比例原则要求行政行为在任何时候均不应给予相对人权益以超过行政目的、目标本身价值的损害。自我国1990年颁布《中华人民共和国教育法》和1995年颁布《中华人民共和国高等教育法》以来，高等学校较以前享有了更多的办学自主权，这实际上是法律赋予高等学校保证其教育目标的实现而对其内部法律事务进行处置的“自由裁量权”。学位授权往往涉及学生的基本权利，观念与权利、目标与权益难免产生碰撞冲突，学校往往既要维护正常管理秩序又要考虑学生权益，很难均衡，法院对此出现过不同的判决尺度。高校必须在行使影响学生重大权益的学位授予权问题上，充分权衡教育目标实现和学生利益孰轻孰重，合理运用比例原则，保证合法性和合理性。

4. 公开原则

《中华人民共和国教育法》第二十九条第四项规定：学校及其他教育机构应当以适当方式为受教育者及其监护人了解受教育者的学业成绩及其他情况提供便利。法律只是规定学校有义务使学生了解学业成绩，但并没有规定学校有义务公开与评价有关的文件。我国在制定有关情报公开的法律时，应当将试卷、评议结论等纳入应公开的行政文件的范围。除了试卷和评议结论以外，对学生是否有权利要求阅览考试记录和评议记录，则有待进一步研究。

5. 正当程序原则

在我国，不同的处分程序是不同的。根据《普通高等学校学生管理规定》第五十五条至第六十三条的规定，学校给予学生纪律处分应当遵循的基本程序较之 1990 年的规定有了很多的进步，包括听取学生申辩原则、制作书面处分决定原则、说明理由原则、学生申诉原则等。我国《普通高等学校学生管理规定》虽然对于程序问题做了一些规定，但还很不够，应当制定更加具体的程序。我国的有关规定中没有规定在处分之前应当向学生发出通知。为了保障学生能够获得充分的时间准备辩护、搜集证据等，学校应当事先通知学生拟进行处分的事实依据和法律依据，并给予学生合理的时限准备答辩或者要求举行听证。其次，就处分的决定者来说，应当设立学生参加的专门处理学生处分的纪律委员会。

（三）授予学位的标准

国家教育考试的舞弊行为是指国家教育考试的参考人员、考试工作人员以及社会其他个人在考试过程中，为谋取不正当利益，采用欺瞒、弄虚作假等方法实施的违反法律、法规及国家教育考试规则的行为。对于考试作弊的学生，学校是否可依校规不授予其学位，是教育行政案件审理中的热点和难点问题。《中华人民共和国学位条例》第二条规定，凡是拥护中国共产党的领导、拥护社会主义制度，具有一定学术水平的公民，都可以按照本条例的规定申请相应的学位。另外第四条还规定：高等学校本科毕业生，成绩优良，达到下述水平者，授予学士学位：① 较好掌握本门学科的基础理论、专门知识和基本技能；② 具有从事科学研究工作或担负专门技术工作的初步能力。《中华人民共和国学位条例暂行实施办法》规定：高等学校本科学生完成教学计划的各项要求，经审核准予毕业；其课程学习和毕业论文的成绩，表明确已较好掌握本门学科的基础理论、专科知识和基本技能，并具有从事科学研究工作或担负专门技术工作的初步能力的,授予学士学位。可见,授予学位主要倾向于学术水平、业务能力、专业知识等与所学专业密切相关的指标,并没有规定其他方面的要求。是否受过纪律处分,并非法律规定授予学位的条件。高校虽有权制定授予学位的工作细则,但前提是必须符合法律规定,符合立法本意,不得超越法律授权范围,不能以行使自主权为由,对法律、法规、规定作扩大解释或缩小解释,只能以法律、法规为依据,制定具体的实施办法、工作规程、操作步骤等,可对授予学位的条件进行量化、细化。高校将受到纪律处分作为不授予学士学位的禁止性规定,是对有关学士学位授予的法律、法规进行扩大解释,违背立法本意,缺乏法律上的依据,是违法无效的。因此,学生受过处分并不能作为不授予学位的条件。但是,考试作弊可以成为学校不授予学位的理由,因为考试作弊可以表明学生尚未较好掌握学科知识,其学术水平尚未达到授予学位的要求,基于此,学校的学位委员会可以依照正当程序作出不授予学位的决定。

（四）案例评述

本案是一起因为考试作弊未取得学位证书进而状告母校的典型案例。本案中被告郑州某学院作为高等学校,虽然不是行政机关,但根据《中华人民共和国教育法》第二十一条的规定,学校及其他教育机构行使对受教育者颁发相应的学业证书的职权。《中华人民共和国学位条例》第八条也规定:学士学位由国务院授权的高等院校授予。可见,被告行使学位授予权可以认为是作为法律、法规授权的组织在行使行政权。因此,本案属于行政诉讼受案范围。从被诉行为的实体上看,基本符合法律、法规的规定。被告郑州某学院对原告樊某不予授予学士学位,是依据其所制定的《学生手册》中关于在校期间因违反纪律,受到行政记过(含记过)以上处分,及考试舞弊者不授予学士学位的规定。由于本案原告系代他人考试,其行为不足以说明其学术水平未达学位授予条件,因此,无论如何,学校都不能不授予其学位。此外,本案发生于2001年,当时《国家教育考试违规处理办法》尚未发布,因此,学校是否有权对在国家教育考试中作弊的学生实施处分,值得商榷。

作弊是违法的,依法应予严惩,但严惩也需依法,千万不能以违法制裁违法。高校应当认真研读教育法律、法规,明确自身的职责权限,依法正确行使自己的权利。

利用互联网发布虚假考题信息诈骗案

在众多试图舞弊的考生眼中，如果能够事前获取考题，那么就不需要在考试过程中实施舞弊，其安全性很高。而在一些诈骗分子眼中，诈骗试图舞弊的考生，由于考试舞弊本身是一种违法行为，受骗者往往只能是哑巴吃黄连，其安全性也很高。因此，每逢国家教育考试，各类出售考题的信息铺天盖地。其实，这些大多都是骗局。我们所选取的是在大学英语四六级考试中发生的诈骗案例。

案例

司某祖籍山西省夏县水头镇，是天津某大学理工学院自考计算机专业的学生。2004 年 3 月初，司某欲通过互联网诈骗钱财，遂事先购得名为“张建军”的假身份证和四张银行储蓄卡在“网易”“西部数码”网站上出资申请了服务器存储空间，建立了“中华证件网”，并通过该网站发布可以办理大学文凭、各类等级证书、身份证等证件以及出售大学英语四六级考题等虚假信息，并公布了银行汇款账号。2004 年 4 月至 6 月间，司某以为他人办理假学历证书、出售考题的名义，利用其在网上提供的银行账户先后骗取多人的汇款共计人民币 15281 元。之后司某也将其骗得的赃款挥霍一空。

2004 年 6 月 4 日晚 9 时许，司某在天津市南开区白堤路的“飞梦”网吧被公安人员抓获归案。被公安机关抓获后，其对指控的犯罪事实供认在案。后天津市南开区人民检察院以(2004)津南检诉字第473号起诉书指控被告人司某犯诈骗罪，于2004年11月8日向南开区人民法院提起了公诉。

司某在开庭审理过程中对指控亦无异议，在结合了被害人陈述、证人证言和其他一系列物证和书证后，法院认为，天津市南开区人民检察院指控的被告人司某诈骗犯罪的事实清楚，证据确实充分，定性准确，应依法予以确认。但念其尚属初犯，认罪态度较好，积极退赃并交纳罚金，故依法从轻判处。依据《中华人民共和国刑法》第二百六十六条之规定，判决如下：被告人司某犯诈骗罪，判处有期徒刑1年，并处罚金5000元。

法律问题

(1) 什么是诈骗罪？其构成要件有哪些？

(2) 如何认定诈骗罪？

(3) 什么是量刑情节？具体如何运用？

法条索引

法律《中华人民共和国刑法》第六十一条、第二百一十条第二款、第二百六十四条、第二百六十五条、第二百六十六条、第二百七十四条、第三百条第三款。

法理分析

(一) 诈骗罪的概念和构成要件

1. 诈骗罪的概念

诈骗罪，是指以非法占有为目的，以虚构事实、隐瞒真相的方法，骗取数额较大的公私财物的行为。

2. 诈骗罪的构成要件

(1) 客体要件。

诈骗罪侵犯的客体是公私财物所有权。有些犯罪活动，虽然也使用某些欺骗手段，甚至也追求某些非法经济利益，但因其侵犯的客体不是或者不限于公私财产所有权，所以不构成诈骗罪。如拐卖妇女、儿童的，属于侵犯人身权利罪。

诈骗罪侵犯的对象仅限于国家、集体或个人的财物，而不是骗取其他非法利益。

（2）客观要件。

① 欺诈行为。诈骗罪客观上表现为使用欺诈方法骗取数额较大的公私财物。首先，行为人实施了欺诈行为，欺诈行为从形式上说包括两类，一是虚构事实，二是隐瞒真相；从实质上说是使被害人陷入错误认识的行为。欺诈行为的内容是，在具体状况下，使被害人产生错误认识，并作出行为人所希望的财产处分，因此，不管是虚构、隐瞒过去的事实，还是现在的事实与将来的事实，只要具有上述内容的，就是一种欺诈行为。如果欺诈内容不是使他人作出财产处分的，则不是诈骗罪的欺诈行为。同时，欺诈行为必须达到使一般人能够产生错误认识的程度。对自己出卖的商品进行夸张，没有超出社会容忍范围的，不是欺诈行为。欺诈行为的手段、方法没有限制，既可以是语言欺诈，也可以是动作欺诈；欺诈行为本身既可以是作为，也可以是不作为，即有告知某种事实的义务，但不履行这种义务，使对方陷入错误认识或者继续陷入错误认识，行为人利用这种错误认识取得财产的，也是欺诈行为。根据《中华人民共和国刑法》第三百条的规定，组织和利用会道门、邪教组织或者利用迷信骗取财物的以诈骗罪论处。

② 对方错误。欺诈行为使对方产生错误认识，对方产生错误认识是行为人的欺诈行为所致，即使对方在判断上有一定的错误，也不妨碍欺诈行为的成立。在欺诈行为与对方处分财产之间，必须介入对方的错误认识，如果对方不是因欺诈行为产生错误认识而处分财产，就不成立诈骗罪。欺诈行为的对方只要求是具有处分财产的权限或者地位的人，不要求一定是财物的所有人或占有人。行为人以提起民事诉讼为手段，提供虚假的陈述、提出虚伪的证据，使法院作出有利于自己的判决，从而获得财产的行为，称为诉讼欺诈，成立诈骗罪。

③ 财产交付。成立诈骗罪要求被害人陷入错误认识之后作出财产处分，财产处分包括处分行为与处分意识。处分财产表现为直接交付财产，或者承诺行为人取得财产，或者承诺转移财产性利益。行为人实施欺诈行为，使他人放弃财物，行为人拾取该财物的，也应以诈骗罪论处。但是，向自动售

货机中投入类似硬币的金属片，从而取得售货机内的商品的行为，不构成诈骗罪，只能成立盗窃罪。

④ 财产损害。欺诈行为使被害人处分财产后，行为人便获得财产，从而使被害人的财产受到损害，诈骗公私财物数额较大的，才构成犯罪。根据有关司法解释，诈骗罪的数额较大，以 2000 元为起点。诈骗未遂，情节严重的，也应当定罪并依法处罚。

(3) 主体要件。

诈骗罪主体是一般主体，凡达到法定刑事责任年龄、具有刑事责任能力的自然人均能构成本罪。

(4) 主观要件。

诈骗罪在主观方面表现为直接故意，并且具有非法占有公私财物的目的。

（二）诈骗罪的认定

1. 诈骗罪与非罪的界限

(1) 诈骗罪与借贷行为的界限。借款人由于某种原因，长期拖欠不还的，或者编造谎言或隐瞒真相而骗取款物，到期不能偿还的，只要没有非法占有的目的，也没有挥霍一空，不赖账，不再弄虚作假骗人，确实打算偿还的，仍属借贷纠纷，不构成诈骗罪。

(2) 诈骗罪与代人购物拖欠货款行为的界限。对以代人购买紧缺商品的名义，取走货款，没买到东西，又擅自挪用货款，拖欠不还款的行为，应着重考察其真实目的、双方的关系、事情的起因、代办人的具体行为、拖欠的情节、后果等，从而正确判断其是否有非法占有的意图。如能明确想代人购物，因故未能买到、挪用仍拟归还的，不能以诈骗罪论处。如果以代购为名，行诈骗之实，骗取大量财物，大肆挥霍，根本无意归还，也无力归还的，应以诈骗罪论处。

(3) 诈骗罪与集资办企业因亏损躲债的界限。如果确实是集资经商办企业，但因经营不善，亏损负债，为躲债而外出，仍属财产债务纠纷。这同诈骗犯以集资办企业为名，捞到钱财就逃之夭夭，以实现其非法占有的目的，有本质区别。

2. 诈骗罪与招摇撞骗罪的区别

诈骗罪与招摇撞骗罪都使用骗术，后者也可能获得财产利益，但是在主观目的、犯罪手段、财物数额要求和侵犯的客体方面，均有不同。招摇撞骗罪是以骗取各种非法利益为目的，冒充国家工作人员，进行招摇撞骗活动，是损害国家机关的威信、公共利益或者公民合法权益的行为，它所骗取的不仅包括财物（但无数额多少的限制），还包括工作、职务、地位、荣誉等，属于妨害社会管理秩序罪。当犯罪分子冒充国家工作人员骗取公私财物时，它就侵犯了财产权利，又损害了国家机关的威信和正常活动，属于牵连犯，应当按照行为所侵犯的主要客体和主要危害性来确定罪名并从重惩罚。如果骗取财物数额不大，却严重损害了国家机关的威信，应按招摇撞骗罪论处；反之，则定为诈骗罪。如果严重地侵犯了两种客体，一般依从一重罪处断的原则按诈骗罪处治。如果先后分别独立地犯了两种罪，互不牵连则应按照数罪并罚原则处理。

3. 诈骗罪与刑法规定的其他诈骗犯罪的区别

《中华人民共和国刑法》规定了集资诈骗罪、贷款诈骗罪、金融票证诈骗罪、信用证诈骗罪、信用卡诈骗罪、有价证券诈骗罪、保险诈骗罪、合同诈骗罪等。这些诈骗犯罪与本罪在主观方面和客观方面表现均相同，在主体、犯罪手段、主体要件与对象上均有差别，对此问题，应根据具体案件的情况分析，属于具体的诈骗行为，刑法中有明确规定的，则按照该刑法条文定罪处罚，而不再适用诈骗罪。

（三）量刑情节的概念、分类和运用

1. 量刑情节的概念

量刑情节，即刑罚裁量的情节，是指犯罪构成基本事实以外的，对犯罪分子裁量刑罚时予以考虑的，体现犯罪行为社会危害程度和犯罪人的人身危险性大小，据以决定对犯罪人是否处刑以及处刑轻重的各种事实情况。量刑情节具有以下特征：第一，量刑情节是犯罪构成基本事实之外的事实情况；第二，量刑情节不仅包括部分案中情节，还包括案外情节；第三，量刑情节是能够影响刑法轻重的各种事实情况。

2. 量刑情节的分类

一般而言，以《中华人民共和国刑法》是否就量刑情节及功能作出明确规定为标准，可分为法定情节和酌定情节。

（1）法定情节，是指法律明文规定其具体内容、能够影响量刑轻重的事实情况。它既包括刑法总则规定的对各种犯罪共同适用的情节，也包括刑法分则对特定犯罪适用的情节。我国刑法共规定了以下四种法定情节:第一,从重处罚情节。它是指在法定刑的限度以内,对有从重情节的犯罪分子判处较重的刑种或较长的刑期。第二,从轻处罚情节,它是指在法定刑的限度内,对具有从轻情节的犯罪分子判处较轻的刑种或较短的刑期。第三,减轻处罚情节。它是指依法在法定最低刑之下,对具有减轻情节的犯罪分子判处刑罚。根据《中华人民共和国刑法》的规定,减轻处罚分为两种情况:一是法定减轻。即犯罪分子具有法律明文规定的减轻处罚情节的,应当在法定刑以下判处刑罚。二是酌定减轻。即犯罪分子虽然不具有法律规定的减轻处罚情节,但是根据案件的特殊情况,经最高人民法院核准,也可以在法定刑以下判处刑罚。第四,免除处罚情节。它是指对犯罪分子作出有罪宣告,同时免除其刑罚处罚。对于犯罪情节轻微不需要判处刑罚的,依照《中华人民共和国刑法》第三十七条的规定,在判决免予刑事处罚的同时,可以根据案件的不同情况,采用非刑罚的方法处理,即予以训诫或者责令具结悔过、赔礼道歉、赔偿损失,或者由人民法院交由主管部门予以行政处罚或者行政处分。这些措施是了结案件、进行善后处理的办法,不是刑事处罚或者司法机关给予的行政处分。

(2) 酌定情节,又称裁判情节,是指刑法没有明文规定,根据立法精神从审判实践经验中总结出来的,反映犯罪行为的社会危害性程度和犯罪人的人身危险性程度,在量刑时酌情适用的情节。常见的酌定情节包括犯罪动机、犯罪手段、犯罪的时间及地点等当时的环境和条件、犯罪侵害的对象、犯罪所造成的损害结果、犯罪人的个人情况和一贯表现、犯罪人犯罪后的态度等。在严格运用法定情节的同时,还必须重视酌定情节。《中华人民共和国刑法》第六十一条规定:对于犯罪分子决定刑罚的时候,应当根据犯罪的事实、犯罪的性质、情节和对于社会的危害程度,依照本法的有关规定判处。

3. 量刑情节的运用

(1) 恰当运用功能选择性情节。

有的法定情节具有选择性,既可以从轻,也可以减轻或免除。对此,应根据不同功能的排位和案件的具体情况选择适用。

(2) 严格运用法定情节,合理兼顾酌定情节。

法定情节属于法律的明文规定,在适用时必须严格依法,而不能随意更改。而酌定情节虽不是刑法明文规定的,但是也不可忽略不计,应该给予充分的重视，发挥其应有的作用。

（四）案件评述

被告人司某的行为违反了《中华人民共和国刑法》的规定，应该受到刑事处罚。司某购买假身份证和银行储蓄卡在互联网上出资申请服务器存储空间，建立了“中华证件网”，并通过该网站发布可以办理大学文凭、各类等级证书、身份证等证件以及出售大学英语四六级考题等虚假信息，此行为已经符合诈骗罪的行为特征——虚构事实；而众多的受害人正是对司某建立的网站上发布的虚假信息信以为真，而陷入了错误认识，从而基于认为能够办理其网站上宣传的事项而自愿地交付了财物，即将钱财打到司某提供的银行卡上。由此司某获得了财物的所有权，而被害人发生了财物的损失。司某在主观上是故意，在身份上是自然人，是一般的主体，在犯罪过程中他没有冒充国家工作人员（招摇撞骗罪的特征），在数额上达到了 2000 元的起刑点，因此完全符合《中华人民共和国刑法》第二百六十六条之规定，构成诈骗罪。由于被告人尚属初犯，而且认罪态度较好，积极退赃并交纳了罚金，其行为具有从轻或减轻处罚的酌定情节，所以法院在最终依法对其予以从轻判处。

本案被告人的落网，再次证明了“法网恢恢，疏而不漏”。国家鼓励一部分人先富起来，但是，必须是通过正当途径致富，而不能违法犯罪，妄图不劳而获。对于广大考生而言，应从本案吸取教训。“书山有路勤为径，学海无涯苦作舟。”只有通过努力学习，获取有用的知识，才能实现人生的理想。倘若心存邪念，企图投机取巧，就很容易掉进别人的陷阱，最终弄巧成拙。

附　录

附录一　《中华人民共和国教育法》摘录

第七十七条　在招收学生工作中徇私舞弊的，由教育行政部门责令退回招收的人员；对直接负责的主管人员和其他直接责任人员，依法给予行政处分；构成犯罪的，依法追究刑事责任。

第七十九条　在国家教育考试中作弊的，由教育行政部门宣布考试无效，对直接负责的主管人员和其他直接责任人员，依法给予行政处分。

非法举办国家教育考试的，由教育行政部门宣布考试无效；有违法所得的，没收违法所得；对直接负责的主管人员和其他直接责任人员，依法给予行政处分。

第八十条　违反本法规定，颁发学位证书、学历证书或者其他学业证书的，由教育行政部门宣布证书无效，责令收回或者予以没收；有违法所得的，没收违法所得；情节严重的，取消其颁发证书的资格。

附录二　《中华人民共和国学位条例》摘录

第二条　凡是拥护中国共产党的领导、拥护社会主义制度，具有一定学术水平的公民，都可以按照本条例的规定申请相应的学位。

第三条　学位分学士、硕士、博士三级。

第四条　高等学校本科毕业生，成绩优良，达到下述学术水平者，授予学士学位：

（一）较好地掌握本门学科的基础理论、专门知识和基本技能；

（二）具有从事科学研究工作或担负专门技术工作的初步能力。

第五条　高等学校和科学研究机构的研究生，或具有研究生毕业同等学力的人员，通过硕士学位的课程考试和论文答辩，成绩合格，达到下述学术水平者，授予硕士学位：

（一）在本门学科上掌握坚实的基础理论和系统的专门知识；

（二）具有从事科学研究工作或独立担负专门技术工作的能力。

第六条　高等学校和科学研究机构的研究生，或具有研究生毕业同等学力的人员，通过博士学位的课程考试和论文答辩，成绩合格，达到下述学术水平者，授予博士学位：

（一）在本门学科上掌握坚实宽广的基础理论和系统深入的专门知识；

（二）具有独立从事科学研究工作的能力；

（三）在科学或专门技术上做出创造性的成果。

第十七条　学位授予单位对于已经授予的学位，如发现有舞弊作伪等严重违反本条例规定的情况，经学位评定委员会复议，可以撤销。

附录三　《中华人民共和国刑法》摘录

第二十三条　【犯罪未遂】已经着手实行犯罪，由于犯罪分子意志以外的原因而未得逞的，是犯罪未遂。

对于未遂犯，可以比照既遂犯从轻或者减轻处罚。

第二十五条　【共同犯罪概念】共同犯罪是指二人以上共同故意犯罪。

二人以上共同过失犯罪，不以共同犯罪论处；应当负刑事责任的，按照他们所犯的罪分别处罚。

第二十六条　【主犯】组织、领导犯罪集团进行犯罪活动的或者在共同犯罪中起主要作用的，是主犯。

三人以上为共同实施犯罪而组成的较为固定的犯罪组织，是犯罪集团。

对组织、领导犯罪集团的首要分子，按照集团所犯的全部罪行处罚。

对于第三款规定以外的主犯，应当按照其所参与的或者组织、指挥的全部犯罪处罚。

第二十七条 【从犯】在共同犯罪中起次要或者辅助作用的，是从犯。

对于从犯，应当从轻、减轻处罚或者免除处罚。

第二十八条 【胁从犯】对于被胁迫参加犯罪的，应当按照他的犯罪情节减轻处罚或者免除处罚。

第二十九条 【教唆犯】教唆他人犯罪的，应当按照他在共同犯罪中所起的作用处罚。教唆不满十八周岁的人犯罪的，应当从重处罚。

如果被教唆的人没有犯被教唆的罪，对于教唆犯，可以从轻或者减轻处罚。

第六十七条 【自首】犯罪以后自动投案，如实供述自己的罪行的，是自首。对于自首的犯罪分子，可以从轻或者减轻处罚。其中，犯罪较轻的，可以免除处罚。

被采取强制措施的犯罪嫌疑人、被告人和正在服刑的罪犯，如实供述司法机关还未掌握的本人其他罪行的，以自首论。

犯罪嫌疑人虽不具有前两款规定的自首情节，但是如实供述自己罪行的，可以从轻处罚；因其如实供述自己罪行，避免特别严重后果发生的，可以减轻处罚。

第六十九条 【判决宣告前一人犯数罪的并罚】判决宣告以前一人犯数罪的，除判处死刑和无期徒刑的以外，应当在总和刑期以下、数刑中最高刑期以上，酌情决定执行的刑期，但是管制最高不能超过三年，拘役最高不能超过一年，有期徒刑总和刑期不满三十五年的，最高不能超过二十年，总和刑期在三十五年以上的，最高不能超过二十五年。

数罪中有判处附加刑的，附加刑仍须执行，其中附加刑种类相同的，合并执行，种类不同的，分别执行。

第七十条 【判决宣告后发现漏罪的并罚】判决宣告以后，刑罚执行完毕以前，发现被判刑的犯罪分子在判决宣告以前还有其他罪没有判决的，应当对新发现的罪作出判决，把前后两个判决所判处的刑罚，依照本法第六十九条的规定，决定执行的刑罚。已经执行的刑期，应当计算在新判决决定的刑期以内。

第七十一条 【判决宣告后又犯新罪的并罚】判决宣告以后，刑罚执行完毕以前，被判刑的犯罪分子又犯罪的，应当对新犯的罪作出判决，把前罪没有执行的刑罚和后罪所判处的刑罚，依照本法第六十九条的规定，决定执行的刑罚。

第七十二条　【适用条件】对于被判处拘役、三年以下有期徒刑的犯罪分子，同时符合下列条件的，可以宣告缓刑，对其中不满十八周岁的人、怀孕的妇女和已满七十五周岁的人，应当宣告缓刑：

（一）犯罪情节较轻；

（二）有悔罪表现；

（三）没有再犯罪的危险；

（四）宣告缓刑对所居住社区没有重大不良影响。

宣告缓刑，可以根据犯罪情况，同时禁止犯罪分子在缓刑考验期限内从事特定活动，进入特定区域、场所，接触特定的人。

被宣告缓刑的犯罪分子，如果被判处附加刑，附加刑仍须执行。

第七十三条　【考验期限】拘役的缓刑考验期限为原判刑期以上一年以下，但是不能少于二个月。

有期徒刑的缓刑考验期限为原判刑期以上五年以下，但是不能少于一年。

缓刑考验期限，从判决确定之日起计算。

第七十四条　【累犯不适用缓刑】对于累犯和犯罪集团的首要分子，不适用缓刑。

第二百六十六条　诈骗公私财物，数额较大的，处三年以下有期徒刑、拘役或者管制，并处或者单处罚金；数额巨大或者有其他严重情节的，处三年以上十年以下有期徒刑，并处罚金；数额特别巨大或者有其他特别严重情节的，处十年以上有期徒刑或者无期徒刑，并罚金或者没收财产。本法另有规定的，依照规定。

第二百八十二条　【非法获取国家秘密罪；非法持有国家绝密、机密文件、资料、物品罪】以窃取、刺探、收买方法，非法获取国家秘密的，处三年以下有期徒刑、拘役、管制或者剥夺政治权利；情节严重的，处三年以上七年以下有期徒刑。

非法持有属于国家绝密、机密的文件、资料或者其他物品，拒不说明来源与用途的，处三年以下有期徒刑、拘役或者管制。

第二百八十三条　【非法生产、销售间谍专用器材罪】非法生产、销售窃听、窃照等专用间谍器材的，处三年以下有期徒刑、拘役或者管制。

第二百八十四条 【非法使用窃听、窃照专用器材罪】非法使用窃听、窃照专用器材，造成严重后果的，处二年以下有期徒刑、拘役或者管制。

第三百八十五条 【受贿罪】国家工作人员利用职务上的便利，索取他人财物的，或者非法收受他人财物，为他人谋取利益的，是受贿罪。

国家工作人员在经济往来中，违反国家规定，收受各种名义的回扣、手续费，归个人所有的，以受贿论处。

第三百八十六条 【对犯受贿罪的处罚规定】对犯受贿罪的，根据受贿所得数额及情节，依照本法第三百八十三条的规定处罚。索贿的从重处罚。

第三百八十七条 【单位受贿罪】国家机关、国有公司、企业、事业单位、人民团体，索取、非法收受他人财物，为他人谋取利益，情节严重的，对单位判处罚金，并对其直接负责的主管人员和其他直接责任人员，处五年以下有期徒刑或者拘役。

前款所列单位，在经济往来中，在账外暗中收受各种名义的回扣、手续费的，以受贿论，依照前款的规定处罚。

第三百八十八条 【受贿罪；利用影响力受贿罪】国家工作人员利用本人职权或者地位形成的便利条件，通过其他国家工作人员职务上的行为，为请托人谋取不正当利益，索取请托人财物或者收受请托人财物的，以受贿论处。

国家工作人员的近亲属或者其他与该国家工作人员关系密切的人，通过该国家工作人员职务上的行为，或者利用该国家工作人员职权或者地位形成的便利条件，通过其他国家工作人员职务上的行为，为请托人谋取不正当利益，索取请托人财物或者收受请托人财物，数额较大或者有其他较重情节的，处三年以下有期徒刑或者拘役，并处罚金；数额巨大或者有其他严重情节的，处三年以上七年以下有期徒刑，并处罚金；数额特别巨大或者有其他特别严重情节的，处七年以上有期徒刑，并处罚金或者没收财产。

离职的国家工作人员或者其近亲属以及其他与其关系密切的人，利用该离职的国家工作人员原职权或者地位形成的便利条件实施前款行为的，依照前款的规定定罪处罚。

第三百八十九条 【行贿罪】为谋取不正当利益，给予国家工作人员以财物的，是行贿罪。

在经济往来中，违反国家规定，给予国家工作人员以财物，数额较大的，或者违反国家规定，给予国家工作人员以各种名义的回扣、手续费的，以行贿论处。

因被勒索给予国家工作人员以财物，没有获得不正当利益的，不是行贿。

第三百九十条 【对犯行贿罪的处罚】对犯行贿罪的，处五年以下有期徒刑或者拘役；因行贿谋取不正当利益，情节严重的，或者使国家利益遭受重大损失的，处五年以上十年以下有期徒刑；情节特别严重的，处十年以上有期徒刑或者无期徒刑，可以并处没收财产。

行贿人在被追诉前主动交代行贿行为的，可以减轻处罚或者免除处罚。

第三百九十一条 【对单位行贿罪】为谋取不正当利益，给予国家机关、国有公司、企业、事业单位、人民团体以财物的，或者在经济往来中，违反国家规定，给予各种名义的回扣、手续费的，处三年以下有期徒刑或者拘役。

单位犯前款罪的，对单位判处罚金，并对其直接负责的主管人员和其他直接责任人员，依照前款的规定处罚。

第三百九十二条 【介绍贿赂罪】向国家工作人员介绍贿赂，情节严重的，处三年以下有期徒刑或者拘役。

介绍贿赂人在被追诉前主动交代介绍贿赂行为的，可以减轻处罚或者免除处罚。

第三百九十三条 【单位行贿罪】单位为谋取不正当利益而行贿，或者违反国家规定，给予国家工作人员以回扣、手续费，情节严重的，对单位判处罚金，并对其直接负责的主管人员和其他直接责任人员，处五年以下有期徒刑或者拘役。因行贿取得的违法所得归个人所有的，依照本法第三百八十九条、第三百九十条的规定定罪处罚。

第三百九十七条 【滥用职权罪；玩忽职守罪】国家机关工作人员滥用职权或者玩忽职守，致使公共财产、国家和人民利益遭受重大损失的，处三年以下有期徒刑或者拘役；情节特别严重的，处三年以上七年以下有期徒刑。本法另有规定的，依照规定。

国家机关工作人员徇私舞弊，犯前款罪的，处五年以下有期徒刑或者拘役；情节特别严重的，处五年以上十年以下有期徒刑。本法另有规定的，依照规定。

第三百九十八条 【故意泄露国家秘密罪；过失泄露国家秘密罪】国家机关工作人员违反保守国家秘密法的规定，故意或者过失泄露国家秘密，情节严重的，处三年以下有期徒刑或者拘役；情节特别严重的，处三年以上七年以下有期徒刑。

非国家机关工作人员犯前款罪的，依照前款的规定酌情处罚。

第四百一十八条 【招收公务员、学生徇私舞弊罪】国家机关工作人员在招收公务员、学生工作中徇私舞弊，情节严重的，处三年以下有期徒刑或者拘役。

附录四 《中华人民共和国保守国家秘密法》摘录

第九条 下列涉及国家安全和利益的事项，泄露后可能损害国家在政治、经济、国防、外交等领域的安全和利益的，应当确定为国家秘密：

（一）国家事务重大决策中的秘密事项；

（二）国防建设和武装力量活动中的秘密事项；

（三）外交和外事活动中的秘密事项以及对外承担保密义务的秘密事项；

（四）国民经济和社会发展中的秘密事项；

（五）科学技术中的秘密事项；

（六）维护国家安全活动和追查刑事犯罪中的秘密事项；

（七）经国家保密行政管理部门确定的其他秘密事项。

政党的秘密事项中符合前款规定的，属于国家秘密。

第十条 国家秘密的密级分为绝密、机密、秘密三级。

绝密级国家秘密是最重要的国家秘密，泄露会使国家安全和利益遭受特别严重的损害；机密级国家秘密是重要的国家秘密，泄露会使国家安全和利益遭受严重的损害；秘密级国家秘密是一般的国家秘密，泄露会使国家安全和利益遭受损害。

第十一条 国家秘密及其密级的具体范围，由国家保密行政管理部门分别会同外交、公安、国家安全和其他中央有关机关规定。

军事方面的国家秘密及其密级的具体范围，由中央军事委员会规定。

国家秘密及其密级的具体范围的规定，应当在有关范围内公布，并根据情况变化及时调整。

第四十八条 违反本法规定，有下列行为之一的，依法给予处分；构成犯罪的，依法追究刑事责任：

（一）非法获取、持有国家秘密载体的；

（二）买卖、转送或者私自销毁国家秘密载体的；

（三）通过普通邮政、快递等无保密措施的渠道传递国家秘密载体的；

（四）邮寄、托运国家秘密载体出境，或者未经有关主管部门批准，携带、传递国家秘密载体出境的；

（五）非法复制、记录、存储国家秘密的；

（六）在私人交往和通信中涉及国家秘密的；

（七）在互联网及其他公共信息网络或者未采取保密措施的有线和无线通信中传递国家秘密的；

（八）将涉密计算机、涉密存储设备接入互联网及其他公共信息网络的；

（九）在未采取防护措施的情况下，在涉密信息系统与互联网及其他公共信息网络之间进行信息交换的；

（十）使用非涉密计算机、非涉密存储设备存储、处理国家秘密信息的；

（十一）擅自卸载、修改涉密信息系统的安全技术程序、管理程序的；

（十二）将未经安全技术处理的退出使用的涉密计算机、涉密存储设备赠送、出售、丢弃或者改作其他用途的。

有前款行为尚不构成犯罪，且不适用处分的人员，由保密行政管理部门督促其所在机关、单位予以处理。

第四十九条　机关、单位违反本法规定，发生重大泄密案件的，由有关机关、单位依法对直接负责的主管人员和其他直接责任人员给予处分；不适用处分的人员，由保密行政管理部门督促其主管部门予以处理。

机关、单位违反本法规定，对应当定密的事项不定密，或者对不应当定密的事项定密，造成严重后果的，由有关机关、单位依法对直接负责的主管人员和其他直接责任人员给予处分。

第五十条　互联网及其他公共信息网络运营商、服务商违反本法第二十八条规定的，由公安机关或者国家安全机关、信息产业主管部门按照各自职责分工依法予以处罚。

第五十一条　保密行政管理部门的工作人员在履行保密管理职责中滥用职权、玩忽职守、徇私舞弊的，依法给予处分；构成犯罪的，依法追究刑事责任。

附录五　国家教育考试违规处理办法

(2004 年 5 月 19 日中华人民共和国教育部令第 18 号发布，根据 2012 年 1 月 5 日《教育部关于修改〈国家教育考试违规处理办法〉的决定》修正)

第一章　总　则

第一条　为规范对国家教育考试违规行为的认定与处理，维护国家教育考试的公平、公正，保障参加国家教育考试的人员(以下简称考生)、从事和参与国家教育考试工作的人员(以下简称考试工作人员)的合法权益，根据《中华人民共和国教育法》及相关法律、行政法规，制定本办法。

第二条　本办法所称国家教育考试是指普通和成人高等学校招生考试、全国硕士研究生招生考试、高等教育自学考试等，由国务院教育行政部门确定实施，由经批准的实施教育考试的机构承办，面向社会公开、统一举行，其结果作为招收学历教育学生或者取得国家承认学历、学位证书依据的测试活动。

第三条　对参加国家教育考试的考生以及考试工作人员、其他相关人员，违反考试管理规定和考场纪律，影响考试公平、公正行为的认定与处理，适用本办法。

对国家教育考试违规行为的认定与处理应当公开公平、合法适当。

第四条　国务院教育行政部门及地方各级人民政府教育行政部门负责全国或者本地区国家教育考试组织工作的管理与监督。

承办国家教育考试的各级教育考试机构负责有关考试的具体实施，依据本办法，负责对考试违规行为的认定与处理。

第二章　违规行为的认定与处理

第五条　考生不遵守考场纪律，不服从考试工作人员的安排与要求，有下列行为之一的，应当认定为考试违纪：

(一) 携带规定以外的物品进入考场或者未放在指定位置的；

(二) 未在规定的座位参加考试的；

(三) 考试开始信号发出前答题或者考试结束信号发出后继续答题的；

(四) 在考试过程中旁窥、交头接耳、互打暗号或者手势的；

（五）在考场或者教育考试机构禁止的范围内，喧哗、吸烟或者实施其他影响考场秩序的行为的；

（六）未经考试工作人员同意在考试过程中擅自离开考场的；

（七）将试卷、答卷（含答题卡、答题纸等，下同）、草稿纸等考试用纸带出考场的；

（八）用规定以外的笔或者纸答题或者在试卷规定以外的地方书写姓名、考号或者以其他方式在答卷上标记信息的；

（九）其他违反考场规则但尚未构成作弊的行为。

第六条　考生违背考试公平、公正原则，在考试过程中有下列行为之一的，应当认定为考试作弊：

（一）携带与考试内容相关的材料或者存储有与考试内容相关资料的电子设备参加考试的；

（二）抄袭或者协助他人抄袭试题答案或者与考试内容相关的资料的；

（三）抢夺、窃取他人试卷、答卷或者胁迫他人为自己抄袭提供方便的；

（四）携带具有发送或者接收信息功能的设备的；

（五）由他人冒名代替参加考试的；

（六）故意销毁试卷、答卷或者考试材料的；

（七）在答卷上填写与本人身份不符的姓名、考号等信息的；

（八）传、接物品或者交换试卷、答卷、草稿纸的；

（九）其他以不正当手段获得或者试图获得试题答案、考试成绩的行为。

第七条　教育考试机构、考试工作人员在考试过程中或者在考试结束后发现下列行为之一的，应当认定相关的考生实施了考试作弊行为：

（一）通过伪造证件、证明、档案及其他材料获得考试资格、加分资格和考试成绩的；

（二）评卷过程中被认定为答案雷同的；

（三）考场纪律混乱、考试秩序失控，出现大面积考试作弊现象的；

（四）考试工作人员协助实施作弊行为，事后查实的；

（五）其他应认定为作弊的行为。

第八条　考生及其他人员应当自觉维护考试秩序，服从考试工作人员的管理，不得有下列扰乱考试秩序的行为：

（一）故意扰乱考点、考场、评卷场所等考试工作场所秩序；

（二）拒绝、妨碍考试工作人员履行管理职责；

（三）威胁、侮辱、诽谤、诬陷或者以其他方式侵害考试工作人员、其他考生合法权益的行为；

（四）故意损坏考场设施设备；

（五）其他扰乱考试管理秩序的行为。

第九条　考生有第五条所列考试违纪行为之一的，取消该科目的考试成绩。

考生有第六条、第七条所列考试作弊行为之一的，其所报名参加考试的各阶段、各科成绩无效；参加高等教育自学考试的，当次考试各科成绩无效。

有下列情形之一的，可以视情节轻重，同时给予暂停参加该项考试 1 至 3 年的处理；情节特别严重的，可以同时给予暂停参加各种国家教育考试 1 至 3 年的处理：

（一）组织团伙作弊的；

（二）向考场外发送、传递试题信息的；

（三）使用相关设备接收信息实施作弊的；

（四）伪造、变造身份证、准考证及其他证明材料，由他人代替或者代替考生参加考试的。

参加高等教育自学考试的考生有前款严重作弊行为的，也可以给予延迟毕业时间 1 至 3 年的处理，延迟期间考试成绩无效。

第十条　考生有第八条所列行为之一的，应当终止其继续参加本科目考试，其当次报名参加考试的各科成绩无效；考生及其他人员的行为违反《中华人民共和国治安管理处罚法》的，由公安机关进行处理；构成犯罪的，由司法机关依法追究刑事责任。

第十一条　考生以作弊行为获得的考试成绩并由此取得相应的学位证书、学历证书及其他学业证书、资格资质证书或者入学资格的，由证书颁发机关宣布证书无效，责令收回证书或者予以没收；已经被录取或者入学的，由录取学校取消录取资格或者其学籍。

第十二条　在校学生、在职教师有下列情形之一的，教育考试机构应当通报其所在学校，由学校根据有关规定严肃处理，直至开除学籍或者予以解聘：

（一）代替考生或者由他人代替参加考试的；

（二）组织团伙作弊的；

（三）为作弊组织者提供试题信息、答案及相应设备等参与团伙作弊行为的。

第十三条　考试工作人员应当认真履行工作职责，在考试管理、组织及评卷等工作过程中，有下列行为之一的，应当停止其参加当年及下一年度的国家教育考试工作，并由教育考试机构或者建议其所在单位视情节轻重分别给予相应的行政处分：

（一）应回避考试工作却隐瞒不报的；

（二）擅自变更考试时间、地点或者考试安排的；

（三）提示或暗示考生答题的；

（四）擅自将试题、答卷或者有关内容带出考场或者传递给他人的；

（五）未认真履行职责，造成所负责考场出现秩序混乱、作弊严重或者视频录像资料损毁、视频系统不能正常工作的；

（六）在评卷、统分中严重失职，造成明显的错评、漏评或者积分差错的；

（七）在评卷中擅自更改评分细则或者不按评分细则进行评卷的；

（八）因未认真履行职责，造成所负责考场出现雷同卷的；

（九）擅自泄露评卷、统分等应予保密的情况的；

（十）其他违反监考、评卷等管理规定的行为。

第十四条　考试工作人员有下列作弊行为之一的，应当停止其参加国家教育考试工作，由教育考试机构或者其所在单位视情节轻重分别给予相应的行政处分，并调离考试工作岗位；情节严重，构成犯罪的，由司法机关依法追究刑事责任：

（一）为不具备参加国家教育考试条件的人员提供假证明、证件、档案，使其取得考试资格或者考试工作人员资格的；

（二）因玩忽职守，致使考生未能如期参加考试的或者使考试工作遭受重大损失的；

（三）利用监考或者从事考试工作之便，为考生作弊提供条件的；

（四）伪造、变造考生档案（含电子档案）的；

（五）在场外组织答卷、为考生提供答案的；

（六）指使、纵容或者伙同他人作弊的；

（七）偷换、涂改考生答卷、考试成绩或者考场原始记录材料的；

（八）擅自更改或者编造、虚报考试数据、信息的；

（九）利用考试工作便利，索贿、受贿、以权徇私的；

（十）诬陷、打击报复考生的。

第十五条　因教育考试机构管理混乱、考试工作人员玩忽职守，造成考点或者考场纪律混乱，作弊现象严重；或者同一考点同一时间的考试有 1/5 以上考场存在雷同卷的，由教育行政部门取消该考点当年及下一年度承办国家教育考试的资格；高等教育自学考试考区内一个或者一个以上专业考试纪律混乱，作弊现象严重，由高等教育自学考试管理机构给予该考区警告或者停考该考区相应专业 1 至 3 年的处理。

对出现大规模作弊情况的考场、考点的相关责任人、负责人及所属考区的负责人，有关部门应当分别给予相应的行政处分；情节严重，构成犯罪的，由司法机关依法追究刑事责任。

第十六条　违反保密规定，造成国家教育考试的试题、答案及评分参考（包括副题及其答案及评分参考，下同）丢失、损毁、泄密，或者使考生答卷在保密期限内发生重大事故的，由有关部门视情节轻重，分别给予责任人和有关负责人行政处分；构成犯罪的，由司法机关依法追究刑事责任。

盗窃、损毁、传播在保密期限内的国家教育考试试题、答案及评分参考、考生答卷、考试成绩的，由有关部门依法追究有关人员的责任；构成犯罪的，由司法机关依法追究刑事责任。

第十七条　有下列行为之一的，由教育考试机构建议行为人所在单位给予行政处分；违反《中华人民共和国治安管理处罚法》的，由公安机关依法处理；构成犯罪的，由司法机关依法追究刑事责任：

（一）指使、纵容、授意考试工作人员放松考试纪律，致使考场秩序混乱、作弊严重的；

（二）代替考生或者由他人代替参加国家教育考试的；

（三）组织或者参与团伙作弊的；

（四）利用职权，包庇、掩盖作弊行为或者胁迫他人作弊的；

（五）以打击、报复、诬陷、威胁等手段侵犯考试工作人员、考生人身权利的；

（六）向考试工作人员行贿的；

（七）故意损坏考试设施的；

（八）扰乱、妨害考场、评卷点及有关考试工作场所秩序后果严重的。

国家工作人员有前款行为的，教育考试机构应当建议有关纪检、监察部门，根据有关规定从重处理。

第三章　违规行为认定与处理程序

第十八条　考试工作人员在考试过程中发现考生实施本办法第五条、第六条所列考试违纪、作弊行为的，应当及时予以纠正并如实记录；对考生用于作弊的材料、工具等，应予暂扣。

考生违规记录作为认定考生违规事实的依据，应当由 2 名以上监考员或者考场巡视员、督考员签字确认。

考试工作人员应当向违纪考生告知违规记录的内容，对暂扣的考生物品应填写收据。

第十九条　教育考试机构发现本办法第七条、第八条所列行为的，应当由 2 名以上工作人员进行事实调查，收集、保存相应的证据材料，并在调查事实和证据的基础上，对所涉及考生的违规行为进行认定。

考试工作人员通过视频发现考生有违纪、作弊行为的，应当立即通知在现场的考试工作人员，并应当将视频录像作为证据保存。教育考试机构可以通过视频录像回放，对所涉及考生违规行为进行认定。

第二十条　考点汇总考生违规记录，汇总情况经考点主考签字认定后，报送上级教育考试机构依据本办法的规定进行处理。

第二十一条　考生在普通和成人高等学校招生考试、高等教育自学考试中，出现第五条所列考试违纪行为的，由省级教育考试机构或者市级教育考试机构做出处理决定，由市级教育考试机构做出的处理决定应报省级教育考试机构备案；出现第六条、第七条所列考试作弊行为的，由市级教育考试机构签署意见，报省级教育考试机构处理，省级教育考试机构也可以要求市级教育考试机构报送材料及证据，直接进行处理；出现本办法第八条所列扰乱考试秩序行为的，由市级教育考试机构签署意见，报省级教育考试机构按照前款规定处理，对考生及其他人员违反治安管理法律法规的行为，由当地公安部门处理；评卷过程中发现考生有本办法第七条所列考试作弊行为的，由省级教育考试机构做出处理决定，并通知市级教育考试机构。

考生在参加全国硕士研究生招生考试中的违规行为，由组织考试的机构认定，由相关省级教育考试机构或者受其委托的组织考试的机构做出处理决定。

在国家教育考试考场视频录像回放审查中认定的违规行为，由省级教育考试机构认定并做出处理决定。

参加其他国家教育考试考生违规行为的处理由承办有关国家教育考试的考试机构参照前款规定具体确定。

第二十二条　教育行政部门和其他有关部门在考点、考场出现大面积作弊情况或者需要对教育考试机构实施监督的情况下，应当直接介入调查和处理。

发生第十四、十五、十六条所列案件，情节严重的，由省级教育行政部门会同有关部门共同处理，并及时报告国务院教育行政部门；必要时，国务院教育行政部门参与或者直接进行处理。

第二十三条　考试工作人员在考场、考点及评卷过程中有违反本办法的行为的，考点主考、评卷点负责人应当暂停其工作，并报相应的教育考试机构处理。

第二十四条　在其他与考试相关的场所违反有关规定的考生，由市级教育考试机构或者省级教育考试机构做出处理决定；市级教育考试机构做出的处理决定应报省级教育考试机构备案。

在其他与考试相关的场所违反有关规定的考试工作人员，由所在单位根据市级教育考试机构或者省级教育考试机构提出的处理意见，进行处理，处理结果应当向提出处理的教育考试机构通报。

第二十五条　教育考试机构在对考试违规的个人或者单位做出处理决定前，应当复核违规事实和相关证据，告知被处理人或者单位做出处理决定的理由和依据；被处理人或者单位对所认定的违规事实认定存在异议的，应当给予其陈述和申辩的机会。

给予考生停考处理的，经考生申请，省级教育考试机构应当举行听证，对作弊的事实、情节等进行审查、核实。

第二十六条　教育考试机构做出处理决定应当制作考试违规处理决定书，载明被处理人的姓名或者单位名称、处理事实根据和法律依据、处理决定的内容、救济途径以及做出处理决定的机构名称和做出处理决定的时间。

考试违规处理决定书应当及时送达被处理人。

第二十七条　考生或者考试工作人员对教育考试机构做出的违规处理决定不服的，可以在收到处理决定之日起 15 日内，向其上一级教育考试机构提出复核申请；对省级教育考试机构或者承办国家教育考试的机构做出的处理决定不服的，也可以向省级教育行政部门或者授权承担国家教育考试的主管部门提出复核申请。

第二十八条　受理复核申请的教育考试机构、教育行政部门应对处理决定所认定的违规事实和适用的依据等进行审查，并在受理后 30 日内，按照下列规定作出复核决定：

（一）处理决定认定事实清楚、证据确凿，适用依据正确，程序合法，内容适当的，决定维持；

（二）处理决定有下列情况之一的，决定撤销或者变更：

1. 违规事实认定不清、证据不足的；

2. 适用依据错误的；

3. 违反本办法规定的处理程序的。

做出决定的教育考试机构对因错误的处理决定给考生造成的损失，应当予以补救。

第二十九条　申请人对复核决定或者处理决定不服的，可以依法申请行政复议或者提起行政诉讼。

第三十条　教育考试机构应当建立国家教育考试考生诚信档案，记录、保留在国家教育考试中作弊人员的相关信息。国家教育考试考生诚信档案中记录的信息未经法定程序，任何组织、个人不得删除、变更。

国家教育考试考生诚信档案可以依申请接受社会有关方面的查询，并应当及时向招生学校或单位提供相关信息，作为招生参考条件。

第三十一条　省级教育考试机构应当及时汇总本地区违反规定的考生及考试工作人员的处理情况，并向国家教育考试机构报告。

第四章　附　则

第三十二条　本办法所称考场是指实施考试的封闭空间；所称考点是指设置若干考场独立进行考务活动的特定场所；所称考区是指由省级教育考试机构设置，由若干考点组成，进行国家教育考试实施工作的特定地区。

第三十三条　非全日制攻读硕士学位全国考试、中国人民解放军高等教育自学考试及其他各级各类教育考试的违规处理可以参照本办法执行。

第三十四条　本办法自发布之日起施行。此前教育部颁布的各有关国家教育考试的违规处理规定同时废止。

附录六　普通高等学校学生管理规定(教育部令第21号发布)

第一章　总　则

第一条　为维护普通高等学校正常的教育教学秩序和生活秩序,保障学生身心健康,促进学生德、智、体、美全面发展,依据教育法、高等教育法以及其他有关法律、法规,制定本规定。

第二条　本规定适用于普通高等学校、承担研究生教育任务的科学研究机构(以下称高等学校或学校)对接受普通高等学历教育的研究生和本科、专科(高职)学生的管理。

第三条　高等学校要以培养人才为中心,按照国家教育方针,遵循教育规律,不断提高教育质量;要依法治校,从严管理,健全和完善管理制度,规范管理行为;要将管理与加强教育相结合,不断提高管理水平,努力培养社会主义合格建设者和可靠接班人。

第四条　高等学校学生应当努力学习马克思列宁主义、毛泽东思想、邓小平理论和"三个代表"重要思想,确立在中国共产党领导下走中国特色社会主义道路、实现中华民族伟大复兴的共同理想和坚定信念;应当树立爱国主义思想,具有团结统一、爱好和平、勤劳勇敢、自强不息的精神;应当遵守宪法、法律、法规,遵守公民道德规范,遵守《高等学校学生行为准则》,遵守学校管理制度,具有良好的道德品质和行为习惯;应当刻苦学习,勇于探索,积极实践,努力掌握现代科学文化知识和专业技能;应当积极锻炼身体,具有健康体魄。

第二章　学生的权利与义务

第五条　学生在校期间依法享有下列权利:

(一)参加学校教育教学计划安排的各项活动,使用学校提供的教育教学资源;

（二）参加社会服务、勤工助学，在校内组织、参加学生团体及文娱体育等活动；

（三）申请奖学金、助学金及助学贷款；

（四）在思想品德、学业成绩等方面获得公正评价，完成学校规定学业后获得相应的学历证书、学位证书；

（五）对学校给予的处分或者处理有异议，向学校、教育行政部门提出申诉；对学校、教职员工侵犯其人身权、财产权等合法权益，提出申诉或者依法提起诉讼；

（六）法律、法规规定的其他权利。

第六条　学生在校期间依法履行下列义务：

（一）遵守宪法、法律、法规；

（二）遵守学校管理制度；

（三）努力学习，完成规定学业；

（四）按规定缴纳学费及有关费用，履行获得贷学金及助学金的相应义务；

（五）遵守学生行为规范，尊敬师长，养成良好的思想品德和行为习惯；

（六）法律、法规规定的其他义务。

第三章　学籍管理

第一节　入学与注册

第七条　按国家招生规定录取的新生，持录取通知书，按学校有关要求和规定的期限到校办理入学手续。因故不能按期入学者，应当向学校请假。未请假或者请假逾期者，除因不可抗力等正当事由以外，视为放弃入学资格。

第八条　新生入学后，学校在三个月内按照国家招生规定对其进行复查。复查合格者予以注册，取得学籍。复查不合格者，由学校区别情况，予以处理，直至取消入学资格。凡属弄虚作假、徇私舞弊取得学籍者，一经查实，学校应当取消其学籍。情节恶劣的，应当请有关部门查究。

第九条　对患有疾病的新生，经学校指定的二级甲等以上医院（下同）诊断不宜在校学习的，可以保留入学资格一年。保留入学资格者不具有学籍。在保留入学资格期内经治疗康复，可以向学校申请入学，由学校指定医院诊断，符合体检要求，经学校复查合格后，重新办理入学手续。复查不合格或者逾期不办理入学手续者，取消入学资格。

第十条　每学期开学时，学生应当按学校规定办理注册手续。不能如期注册者，应当履行暂缓注册手续。未按学校规定缴纳学费或者其他不符合注册条件的不予注册。家庭经济困难的学生可以申请贷款或者其他形式资助，办理有关手续后注册。

第二节　考核与成绩记载

第十一条　学生应当参加学校教育教学计划规定的课程和各种教育教学环节(以下统称课程)的考核，考核成绩记入成绩册，并归入本人档案。

第十二条　考核分为考试和考查两种。考核和成绩评定方式，以及考核不合格的课程是否重修或者补考，由学校规定。

第十三条　学生思想品德的考核、鉴定，要以《高等学校学生行为准则》为主要依据，采取个人小结，师生民主评议等形式进行。

学生体育课的成绩应当根据考勤、课内教学和课外锻炼活动的情况综合评定。

第十四条　学生学期或者学年所修课程或者应修学分数以及升级、跳级、留级、降级、重修等要求，由学校规定。

第十五条　学生可以根据学校有关规定，申请辅修其他专业或者选修其他专业课程。

学生可以根据校际间协议跨校修读课程。在他校修读的课程成绩(学分)由本校审核后予以承认。

第十六条　学生严重违反考核纪律或者作弊的，该课程考核成绩记为无效，并由学校视其违纪或者作弊情节，给予批评教育和相应的纪律处分。给予警告、严重警告、记过及留校察看处分的，经教育表现较好，在毕业前对该课程可以给予补考或者重修机会。

第十七条　学生不能按时参加教育教学计划规定的活动，应当事先请假并获得批准。未经批准而缺席者，根据学校有关规定给予批评教育，情节严重的给予纪律处分。

第三节　转专业与转学

第十八条　学生可以按学校的规定申请转专业。学生转专业由所在学校批准。

学校根据社会对人才需求情况的发展变化,经学生同意,必要时可以适当调整学生所学专业。

第十九条 学生一般应当在被录取学校完成学业。如患病或者确有特殊困难,无法继续在本校学习的,可以申请转学。

第二十条 学生有下列情形之一,不得转学:

(一) 入学未满一学期的;

(二) 由招生时所在地的下一批次录取学校转入上一批次学校、由低学历层次转为高学历层次的;

(三) 招生时确定为定向、委托培养的;

(四) 应予退学的;

(五) 其他无正当理由的。

第二十一条 学生转学,经两校同意,由转出学校报所在地省级教育行政部门确认转学理由正当,可以办理转学手续;跨省转学者由转出地省级教育行政部门商转入地省级教育行政部门,按转学条件确认后办理转学手续。须转户口的由转入地省级教育行政部门将有关文件抄送转入校所在地公安部门。

第四节 休学与复学

第二十二条 学生可以分阶段完成学业。学生在校最长年限(含休学)由学校规定。

第二十三条 学生申请休学或者学校认为应当休学者,由学校批准,可以休学。休学次数和期限由学校规定。

第二十四条 学生应征参加中国人民解放军(含中国人民武装警察部队),学校应当保留其学籍至退役后一年。

第二十五条 休学学生应当办理休学手续离校,学校保留其学籍。学生休学期间,不享受在校学习学生待遇。休学学生患病,其医疗费按学校规定处理。

第二十六条 学生休学期满,应当于学期开学前向学校提出复学申请,经学校复查合格,方可复学。

第五节　退　学

第二十七条　学生有下列情形之一，应予退学：

（一）学业成绩未达到学校要求或者在学校规定年限内（含休学）未完成学业的；

（二）休学期满，在学校规定期限内未提出复学申请或者申请复学经复查不合格的；

（三）经学校指定医院诊断，患有疾病或者意外伤残无法继续在校学习的；

（四）未请假离校连续两周未参加学校规定的教学活动的；

（五）超过学校规定期限未注册而又无正当事由的；

（六）本人申请退学的。

第二十八条　对学生的退学处理，由校长会议研究决定。

对退学的学生，由学校出具退学决定书并送交本人，同时报学校所在地省级教育行政部门备案。

第二十九条　退学的本专科学生，按学校规定期限办理退学手续离校，档案、户口退回其家庭户籍所在地。

退学的研究生，按已有毕业学历和就业政策可以就业的，由学校报所在地省级毕业生就业部门办理相关手续；在学校规定期限内没有聘用单位的，档案、户口退回其家庭户籍所在地。

第三十条　学生对退学处理有异议的，参照本规定第六十一条、第六十二条、第六十三条、第六十四条办理。

第六节　毕业、结业与肄业

第三十一条　学生在学校规定年限内，修完教育教学计划规定内容，德、智、体达到毕业要求，准予毕业，由学校发给毕业证书。

第三十二条　学生在学校规定年限内，修完教育教学计划规定内容，未达到毕业要求，准予结业，由学校发给结业证书。结业后是否可以补考、重修或者补作毕业设计、论文、答辩，以及是否颁发毕业证书，由学校规定。对合格后颁发的毕业证书，毕业时间按发证日期填写。

第三十三条　符合学位授予条件者，学位授予单位应当颁发学位证书。

第三十四条　学满一学年以上退学的学生，学校应当颁发肄业证书。

第三十五条　学校应当严格按照招生时确定的办学类型和学习形式，填写、颁发学历证书、学位证书。

第三十六条　学校应当执行高等教育学历证书电子注册管理制度，每年将颁发的毕（结）业证书信息报所在地省级教育行政部门注册，并由省级教育行政部门报国务院教育行政部门备案。

第三十七条　对完成本专业学业同时辅修其他专业并达到该专业辅修要求者，由学校发给辅修专业证书。

第三十八条　对违反国家招生规定入学者，学校不得发给学历证书、学位证书；已发的学历证书、学位证书，学校应当予以追回并报教育行政部门宣布证书无效。

第三十九条　毕业、结业、肄业证书和学位证书遗失或者损坏，经本人申请，学校核实后应当出具相应的证明书。证明书与原证书具有同等效力。

第四章　校园秩序与课外活动

第四十条　学校应当维护校园正常秩序，保障学生的正常学习和生活。

第四十一条　学校应当建立和完善学生参与民主管理的组织形式，支持和保障学生依法参与学校民主管理。

第四十二条　学生应当自觉遵守公民道德规范，自觉遵守学校管理制度，创造和维护文明、整洁、优美、安全的学习和生活环境。

学生不得有酗酒、打架斗殴、赌博、吸毒，传播、复制、贩卖非法书刊和音像制品等违反治安管理规定的行为；不得参与非法传销和进行邪教、封建迷信活动；不得从事或者参与有损大学生形象、有损社会公德的活动。

第四十三条　任何组织和个人不得在学校进行宗教活动。

第四十四条　学生可以在校内组织、参加学生团体。学生成立团体，应当按学校有关规定提出书面申请，报学校批准。

学生团体应当在宪法、法律、法规和学校管理制度范围内活动，接受学校的领导和管理。

第四十五条　学校提倡并支持学生及学生团体开展有益于身心健康的学术、科技、艺术、文娱、体育等活动。

学生进行课外活动不得影响学校正常的教育教学秩序和生活秩序。

第四十六条　学校应当鼓励、支持和指导学生参加社会实践、社会服务和开展勤工助学活动，并根据实际情况给予必要帮助。

学生参加勤工助学活动应当遵守法律、法规以及学校、用工单位的管理制度，履行勤工助学活动的有关协议。

第四十七条　学生举行大型集会、游行、示威等活动，应当按法律程序和有关规定获得批准。对未获批准的，学校应当依法劝阻或者制止。

第四十八条　学生使用计算机网络，应当遵循国家和学校关于网络使用的有关规定，不得登录非法网站、传播有害信息。

第四十九条　学校应当建立健全学生住宿管理制度。学生应当遵守学校关于学生住宿管理的规定。

第五章　奖励与处分

第五十条　学校、省（自治区、直辖市）和国家有关部门应当对在德、智、体、美等方面全面发展或者在思想品德、学业成绩、科技创造、锻炼身体及社会服务等方面表现突出的学生，给予表彰和奖励。

第五十一条　对学生的表彰和奖励可以采取授予“三好学生”称号或者其他荣誉称号、颁发奖学金等多种形式，给予相应的精神鼓励或者物质奖励。

第五十二条　对有违法、违规、违纪行为的学生，学校应当给予批评教育或者纪律处分。

学校给予学生的纪律处分，应当与学生违法、违规、违纪行为的性质和过错的严重程度相适应。

第五十三条　纪律处分的种类分为：

（一）警告；

（二）严重警告；

（三）记过；

（四）留校察看；

（五）开除学籍。

第五十四条　学生有下列情形之一，学校可以给予开除学籍处分：

（一）违反宪法，反对四项基本原则、破坏安定团结、扰乱社会秩序的；

（二）触犯国家法律，构成刑事犯罪的；

（三）违反治安管理规定受到处罚，性质恶劣的；

（四）由他人代替考试、替他人参加考试、组织作弊、使用通讯设备作弊及其他作弊行为严重的；

（五）剽窃、抄袭他人研究成果，情节严重的；

（六）违反学校规定，严重影响学校教育教学秩序、生活秩序以及公共场所管理秩序，侵害其他个人、组织合法权益，造成严重后果的；

（七）屡次违反学校规定受到纪律处分，经教育不改的。

第五十五条　学校对学生的处分，应当做到程序正当、证据充分、依据明确、定性准确、处分适当。

第五十六条　学校在对学生作出处分决定之前，应当听取学生或者其代理人的陈述和申辩。

第五十七条　学校对学生作出开除学籍处分决定，应当由校长会议研究决定。

第五十八条　学校对学生作出处分，应当出具处分决定书，送交本人。开除学籍的处分决定书报学校所在地省级教育行政部门备案。

第五十九条　学校对学生作出的处分决定书应当包括处分和处分事实、理由及依据，并告知学生可以提出申诉及申诉的期限。

第六十条　学校应当成立学生申诉处理委员会，受理学生对取消入学资格、退学处理或者违规、违纪处分的申诉。

学生申诉处理委员会应当由学校负责人、职能部门负责人、教师代表、学生代表组成。

第六十一条　学生对处分决定有异议的，在接到学校处分决定书之日起5个工作日内，可以向学校学生申诉处理委员会提出书面申诉。

第六十二条　学生申诉处理委员会对学生提出的申诉进行复查，并在接到书面申诉之日起15个工作日内，作出复查结论并告知申诉人。需要改变原处分决定的，由学生申诉处理委员会提交学校重新研究决定。

第六十三条　学生对复查决定有异议的，在接到学校复查决定书之日起15个工作日内，可以向学校所在地省级教育行政部门提出书面申诉。

省级教育行政部门在接到学生书面申诉之日起30个工作日内，应当对申诉人的问题给予处理并答复。

第六十四条　从处分决定或者复查决定送交之日起，学生在申诉期内未提出申诉的，学校或者省级教育行政部门不再受理其提出的申诉。

第六十五条　被开除学籍的学生，由学校发给学习证明。学生按学校规定期限离校，档案、户口退回其家庭户籍所在地。

第六十六条　对学生的奖励、处分材料，学校应当真实完整地归入学校文书档案和本人档案。

第六章　附　则

第六十七条　对接受成人高等学历教育的学生、港澳台侨学生、留学生的管理参照本规定实施。

第六十八条　高等学校应当根据本规定制定或修改学校的学生管理规定，报主管教育行政部门备案（中央部委属校同时抄报所在地省级教育行政部门），并及时向学生公布。

省级教育行政部门根据本规定，指导、检查和督促本地区高等学校实施学生管理。

第六十九条　本规定自 2005 年 9 月 1 日起施行。原国家教育委员会发布的《普通高等学校学生管理规定》（国家教育委员会令第 7 号）、《研究生学籍管理规定》（教学[1995]4 号）同时废止。其他有关文件规定与本规定不一致的，以本规定为准。

后 记

国家教育考试舞弊及防舞弊措施研究是教育考试理论和实践研究中一项实务性很强的工作。面对目前国家教育考试舞弊现象屡屡发生，舞弊主体日益多元化，舞弊手段更是呈现出多样化、高科技化和组织化的现象，我们一方面需要对国家教育考试舞弊及防舞弊措施问题在理论上进行深入的分析和研究，另一方面更需要在开展理论研究的基础上，立足于当前国家教育考试舞弊和防舞弊的现状开展实证研究，从而为工作在教育考试一线的广大实务组织工作者提供科学、直观、典型的案例样本作为实务指导。正是基于这一考虑，我们在进行《国家教育考试舞弊及防舞弊措施研究》这一课题的研究过程中，就把教育考试舞弊案例研究作为其中的一个重要内容，可以说，《以案说法——国家教育考试舞弊案例研究》既是《国家教育考试舞弊及防舞弊措施研究》课题的有益补充，也是其成果呈现形式之一。

我们在对近年来国家教育考试舞弊典型案例进行认真梳理和研究的基础上，根据其实施考试舞弊的时间序列、手段方法、考试类型，按照国家教育考试舞弊行为情节轻重等，精选了 18 个内容涉及各种类型的考试舞弊案例，编写了这本《以案说法——国家教育考试舞弊案例研究》。全书每个案例包括了基本案情介绍、涉及法律法规、法理分析和案例述评等相关内容，目的是试图通过典型案例的分析、研究，有针对性地为各级教育考试组织工作者提供有借鉴意义的实务指导和工作参考。

本书经朱卫国同志确定选题后，由陈韶峰、屠振宇、周振修等分别负责案例的收集和案例分析的撰写，最后由朱卫国同志对全书进行审定和统稿。本书在编写的过程中，参考、引用和吸收了国内专家、学者的相关研究成果和有关部门、新闻媒体的报道及文献资料，因篇幅有限，不能在书后一一注明。汪国培、刘海宁同志承担了本书出版的组织协调工作。特别是苏州大学出版社为本书的正式出版提供了周到的服务，苏州大学出版社刘一霖同志为本书的编校出版付出了辛勤的劳动。在此一并致以深深的谢意！由于编者水平有限，难免有阙失疏漏之处，敬请读者批评指正。

编　者

2014 年 2 月